Uli Leistenschneider

Die schönsten Geschichten für KUSCHELTAGE

Mit Bildern von Lena Heger

CARLSEN

Inhalt

Willkommen, Herbst

Mira rollt durch den Garten. Die Vögel zwitschern und die Sonne scheint, aber sie hat nicht mehr so viel Kraft. Es ist kühler geworden und Mira fröstelt ein bisschen.

»Jetzt ist der Sommer vorbei!«, seufzt plötzlich jemand.

»Och nee, dann müssen wir wieder in dieser stinkigen Kiste in der Garage überwintern«, jammert jemand anders.

Überrascht schaut Mira in verschiedene Hecken und Sträucher, aber da versteckt sich niemand.

»Hallo, hier unten«, hört sie die erste Stimme. Das kommt aus dem Blumenbeet. Mira kann kaum glauben, was sie dann sieht: Die beiden Gartenzwerge Flip und Chip können reden!

»Ja, da staunst du, was?«, meint Flip und lacht.

Mira nickt. »Ich wusste ja gar nicht, dass ihr ... lebendig seid«, sagt sie.

»Klar doch!«, antwortet Chip. »Der ganze Garten lebt. Hör mal genau hin!«

»Ach«, klagt der Pflaumenbaum. »Wenn jetzt alle meine Blätter wieder abfallen, dann bin ich ganz kahl und sehe so langweilig aus.«

»Frag uns mal«, piepst eine kleine Blaumeise. »Liegt erst Schnee, dann finden wir kaum noch was zu fressen.«

»Das geht mir nicht anders«, schaltet sich ein Eichhörnchen ein. »Ich muss jetzt Vorräte vergraben. Aber leider bin ich total vergesslich. Wahrscheinlich werde ich das meiste im Winter gar nicht wiederfinden ...«

»Stopp!«, ruft Mira laut. Die Tiere und Pflanzen halten sofort inne und

auch Flip und Chip schauen Mira gespannt an. »Es ist doch noch gar nicht Winter«, meint Mira.

»Noch nicht!«, erwidert Chip. »Aber er kommt ganz gewiss.«

»Und du weißt ja gar nicht, wie pupslangweilig es in der Garage ist«, fügt Flip hinzu.

»Na ja, ich kann es mir schon vorstellen«, gibt Mira zu. »Aber trotzdem. Jetzt ist erst mal Herbst und der ist doch super! So bunt und aufregend.«

»Wenn du meinst«, sagt der Pflaumenbaum rauschend, aber er klingt nicht besonders überzeugt.

Mira sieht sich im Garten um. So toll sieht es hier wirklich nicht aus. Im Garten liegen schon viele braune Blätter und die Sommerpflanzen sind verblüht und verdorrt. Eigentlich müsste mal wieder ein bisschen aufgeräumt werden. Aber alleine schafft Mira das nicht. »Ich werde euch schon zeigen, wie schön der Herbst ist«, sagt sie und zwinkert ihren Gartenzwergen zu. Sie hat nämlich schon eine Idee.

Schnell fährt sie über die Rampe ins Haus hinein. »Mama?«, ruft sie.

»Ja, mein Schatz?« Mama ist sofort zur Stelle.

»Hilfst du mir, den Garten schön zu machen?«, fragt Mira. »Flip und Chip beschweren sich schon.«

Mama lacht, aber als sie aus dem Fenster sieht, bekommt sie ein ganz zerknirschtes Gesicht. »Die beiden haben recht, da draußen sieht es etwas trostlos aus.«

»Also machst du mit?« Mira freut sich. Und dann hat sie noch eine richtig tolle Idee: »Können wir nicht ein Fest feiern?«, fragt sie mit leuchtenden Augen. »Ein Herbstfest für den Garten. Das wäre so cool.«

Das findet Mama auch. »Wir laden alle ein«, sagt sie begeistert. »Am besten fangen wir sofort an, so lange das Wetter noch gut ist.«

Zuerst fahren Mama und Mira in die Gärtnerei und suchen leuchtende Herbstblumen aus: gelbe und weiße Astern, rote Dahlien und rosa Zinnien. Außerdem kaufen sie noch zwei bunte Vogelhäuschen und eine Futterstelle für Eichhörnchen. Zu Hause graben sie zusammen die Beete um und pflanzen die Blumen ein.

»Da wird mir ganz warm ums Herz«, flüstert Flip Mira zu.

»Jetzt habe ich auch im Winter ein bisschen Farbe«, sagt der Pflaumenbaum raschelnd, als Miras Papa abends ein buntes Vogelhäuschen in seine Äste hängt.

Auch die Vögel
und das Eichhörnchen freuen sich sehr
über ihre Futterhäuser.

»Es wird noch besser«, meint Mira lächelnd. »Lasst euch überraschen.«

Abends schreiben Mama, Papa und Mira all den lieben Menschen aus ihrem Verwandten- und Freundeskreis und laden sie zu ihrem kleinen Herbstfest ein.

Am nächsten Morgen fahren Mira und Papa in den Bioladen und kaufen Zutaten für einen Zwiebelkuchen. »Das ist genau das richtige Essen für ein Herbstfest«, findet Papa. »Und dazu gibt es neuen Wein.« Im Herbst sind nämlich die Trauben reif und daraus wird dann der Wein hergestellt.

»Und was sollen wir Kinder trinken?«, fragt Mira ein bisschen empört.

»Traubensaft natürlich«, erwidert Papa lachend. Beim Winzer gibt's beides ganz frisch.

Papa kann es gar nicht abwarten und probiert zu Hause gleich einen kleinen Schluck. Mira darf natürlich den Traubensaft testen. »Mmh, lecker!« Sie leckt sich über die Lippen. »Aber auch ganz schön süß.«

»Wir können ihn ja verdünnen – Traubenschorle«, meint Papa. »Aber jetzt backen wir erst mal.«

Mira hilft natürlich mit. Später kommt sie mit ganz verquollenen Augen in den Garten gefahren. »Was ist passiert?«, fragt Flip bestürzt.

»Findest du den Herbst doch nicht mehr so schön?«, erkundigt sich Chip mitfühlend.

Grinsend wischt sich Mira die Tränen aus dem Gesicht. »Ich glaube, ich finde ihn sogar immer besser.«

Flip und Chip sehen sich verwirrt an. »Aber warum weinst du dann?«, fragt Flip.

»Weil ich gerade total viele Zwiebeln kleingeschnitten habe.« Mira lacht

noch mehr. »Jetzt ist der Kuchen im Ofen und gleich kommen auch schon die Gäste.«

Mama und Papa stellen noch ein paar Klapptische und Bänke auf und der Pflaumenbaum wird mit Lampions geschmückt. »Jetzt strahle ich so richtig«, seufzt er glücklich. An das Gartentor hängt Mira ein selbst gemaltes Schild mit der Aufschrift »Willkommen, Herbst«.

Nicht alle haben so kurzfristig Zeit, aber viele Gäste kommen vorbei und freuen sich riesig über das Fest.

»Wir sollten jetzt immer eine Herbstparty veranstalten!«, sagt Miras Oma, die natürlich auch mit dabei ist. »Das ist die beste Zeit zum Feiern!«

Da hat sie wirklich recht, denn die Sonne scheint, aber es ist nicht so heiß wie im Sommer. Man braucht keinen Sonnenschirm und das findet auch Mira perfekt. Mit den anderen Kindern futtert sie Zwiebelkuchen und danach spielen alle noch zusammen auf der Wiese.

Auch Flip und Chip bekommen ein paar Krümel Zwiebelkuchen und einen Schluck Traubensaft. Es schmeckt ihnen natürlich auch hervorragend.

»Jetzt wisst ihr, wie schön der Herbst ist, oder?«, fragt Mira sie am anderen Morgen.

»Schon«, gibt Chip zu, aber so richtig zufrieden hört es sich nicht an.

»Hat es euch nicht gefallen?«, fragt Mira betroffen.

»Doch, doch«, antwortet Chip schnell. »Aber in die doofe Kiste müssen wir ja trotzdem.«

Da packt Mira die Zwerge auf ihren Schoß und rollt mit ihnen ins Haus. Im Bad wäscht sie die Erde von den beiden und trocknet sie ab. »Jetzt seid ihr schön sauber.«

»Das macht deine Mama auch immer, bevor sie uns in die Kiste steckt, damit wir vor dem schrecklichen Winter geschützt sind«, jammert Flip.

»Ihr wisst gar nicht, wie der Winter aussieht, stimmt's?«, erkundigt sich Mira.

»Wie denn, in der dunklen Kiste?«, erwidert Chip.

»Da habe ich eine Überraschung für euch!« Mira fährt mit den beiden in ihr Zimmer. Dort stellt sie die Gartenzwerge auf ihre Fensterbank. »Hier ist es schön warm und ihr könnt den ganzen Herbst und Winter lang den Garten beobachten.«

»Toll!«, freuen sich Flip und Chip.

»Gibt es auch noch Zwiebelkuchen?«, fragt Flip hungrig.

»Nein.« Mira schüttelt lachend den Kopf. »Aber Papa backt bestimmt bald wieder welchen.«

Miras Zwiebelkuchen

Das brauchst du:

- 750 g Zwiebeln
- 4 Eier
- 1 Becher saure Sahne
- 1 Becher Schmand
- 1 Beutel Reibekäse
- Kümmel
- 250 ml Milch
- 1 Würfel Hefe
- Rapsöl
- Zucker
- Salz
- Pfeffer

1. Als Erstes machst du den Teig. Erwärme hierzu die Milch etwas und löse die Hefe darin auf.

2. Dann mischst du das Mehl mit einem halben Teelöffel Salz und einem halben Teelöffel Zucker. Füge noch 3 bis 4 Esslöffel Öl hinzu. Jetzt kommt noch die Hefemilch hinein und du knetest einen lockeren Teig daraus. Decke den Teig mit einem sauberen Tuch ab und lass ihn an einem warmen Ort, z. B. in der Nähe der Heizung, für ca. eine Stunde gehen.

3. In der Zwischenzeit kannst du schon den Belag machen. Schäle die Zwiebeln und schneide sie klein. Brate die Zwiebeln in der Pfanne mit etwas Öl an, bis die Zwiebeln glasig sind und es schön duftet. Lass dir beim Schneiden und Anbraten unbedingt von einer oder einem Erwachsenen helfen! Als Nächstes verrührst du in einer Schüssel die Eier mit dem Schmand und der sauren Sahne und einem Teil des Käses. Würze das Ganze mit Salz und Pfeffer und Kümmel nach Geschmack. Nun rührst du vorsichtig die Zwiebeln ein.

4. Wenn der Hefeteig aufgegangen ist, rollst du ihn auf einem eingefetteten Blech aus. Nun kommt die Füllung obendrauf. Zum Abschluss streust du noch den restlichen Käse drüber und backst den Kuchen bei etwa 200 Grad für ca. 45 Minuten im Ofen. Der Ofen wird sehr heiß, deswegen solltest du das nicht allein machen. Bitte Papa oder Mama oder eine andere erwachsene Person um Hilfe. Guten Appetit!

Hoch hinaus

Luk und Tristan sind zwei bunte Drachen. Lars und Finn haben sie am Vormittag gebastelt. Nach dem Mittagessen wollen die Jungs zusammen mit ihren Drachen raus auf die große Wiese am Ortsrand. Die Sonne scheint und der Wind pustet ordentlich. Das perfekte Wetter also zum Drachensteigenlassen. Und deswegen warten Tristan und Luk schon aufgeregt darauf, dass Lars und Finn endlich vom Mittagessen zurückkommen.

»Das wird toll, wenn wir hoch oben im Wind flattern.«, schwärmt Tristan.

»Ähm …« Luk räuspert sich. »Ich bin mir nicht so sicher, ob du überhaupt fliegen wirst.«

»Wieso?«, fragt Tristan erstaunt.

»Du siehst ganz schön schwer aus«, erwidert Luk. »Ich glaube, du wirst abstürzen.«

»Meinst du wirklich?« Tristan wird ganz ängstlich, als er das hört. Lars hat ihn aus einem dicken, blauen Müllsack gebastelt. Luk dagegen wurde aus rotem Seidenpapier gemacht.

»Leider schon!«, antwortet Luk. »Lars hätte so dünnes Papier nehmen müssen wie Finn für mich. Ich bin ziemlich gut gelungen, oder? Aber du bist ein Müllsack in Drachenform. Ich fliege bestimmt richtig gut. Aber du?«

Auf einmal freut sich Tristan nicht mehr. Vor dem

Fenster wirbeln bunte Blätter lustig im Wind, aber der Drachen nimmt es nicht wahr. Er kann nur noch an das denken, was Luk gesagt hat. Er bekommt sogar ein bisschen Angst, dass alle anderen Lars und ihn auslachen werden. Weil er nichts taugt.

»Vielleicht klappt's ja doch?«, tröstet Luk ihn. »Aber ich fürchte, du fliegst nicht.«

»Ja, das hast du schon gesagt«, brummt Tristan.

Finn und Lars kommen ins Zimmer gerannt und holen ihre Drachen ab. »Das wird cool!«, meint Lars lachend. Tristan würde ihm gern erzählen, was Luk gesagt hat. Aber leider versteht Lars ihn nicht.

Auf der Drachenwiese ist bei dem guten Wetter schon ordentlich was los. Ganz unterschiedliche Drachen leuchten am blauen Himmel um die Wette. Manche haben ein Gesicht und einen langen Schwanz mit Schleifen, andere sind einfach nur flache bunte Scheiben. Kinderlachen schallt über die

Wiese. Tristan fühlt sich immer trauriger. Gleich werden die anderen Lars auslachen, weil sein Drachen ein Müllsack ist.

Doch nichts passiert.

»Los geht's!«, ruft Finn und hält Luk mit einer Hand hoch in die Luft. Dann lässt er die Schnur an seiner Spule ein Stück los.

Sofort steigt Luk mühelos in den Himmel hinauf. »Juche!«, jubelt er.

Schon entrollt auch Lars seine Spule. Tristan befürchtet das Schlimmste, doch auch er schafft es spielend leicht in die Luft. Der Wind bläst in ihn hinein und trägt ihn wie von allein. Ein herrliches Gefühl ist das. Tristan vergisst all seine Sorgen und jauchzt vor Freude. »Wie wunderschön ist es, zu fliegen!«, ruft er Luk zu, der laut im Wind flattert.

Da macht es plötzlich ratsch!

»Hilfe!«, ruft Luk und im selben Moment stürzt er nach unten.

Erschrocken schaut Tristan ihm nach. Was ist bloß passiert? Lars holt Tristans Schnur ein und zieht in behutsam Richtung Boden. Jetzt sieht Tristan, dass Luk in der Mitte zerrissen ist.

»So ein Mist!«, flucht Finn. »Ich hab gedacht, das Seidenpapier fliegt super.«

»War ja auch so«, meint Lars. »Aber es ist zu dünn. Der Wind ist heute sehr stark. Komm, wir gehen zurück zu mir, da kannst du Luk flicken. Am besten mit einem Müllsack. Davon haben wir auf jeden Fall noch genug«, fügt er lachend hinzu.

Da geht es Finn schon ein kleines bisschen besser. »Danke!«, sagt er.

Als Lars und Finn einen zweiten Müllsack suchen, liegen Tristan und Luk auf dem Esszimmertisch.

»Wie geht es dir?«, fragt Tristan seinen Gefährten. »Hast du Schmerzen?«

»Nein«, antwortet Luk leise. »Aber ich schäme mich so.«

»Warum denn?«, erkundigt sich Tristan. »Du kannst doch nichts dafür, dass es so windig ist.«

»Das stimmt«, erwidert Luk. »Aber ich habe dich traurig gemacht und du konntest dich gar nicht mehr aufs Fliegen freuen. Und am Ende warst du länger in der Luft als ich. Bitte entschuldige, dass ich so blöd war.«

»Ja, das war wirklich nicht so nett von dir«, findet Tristan. An das mulmige

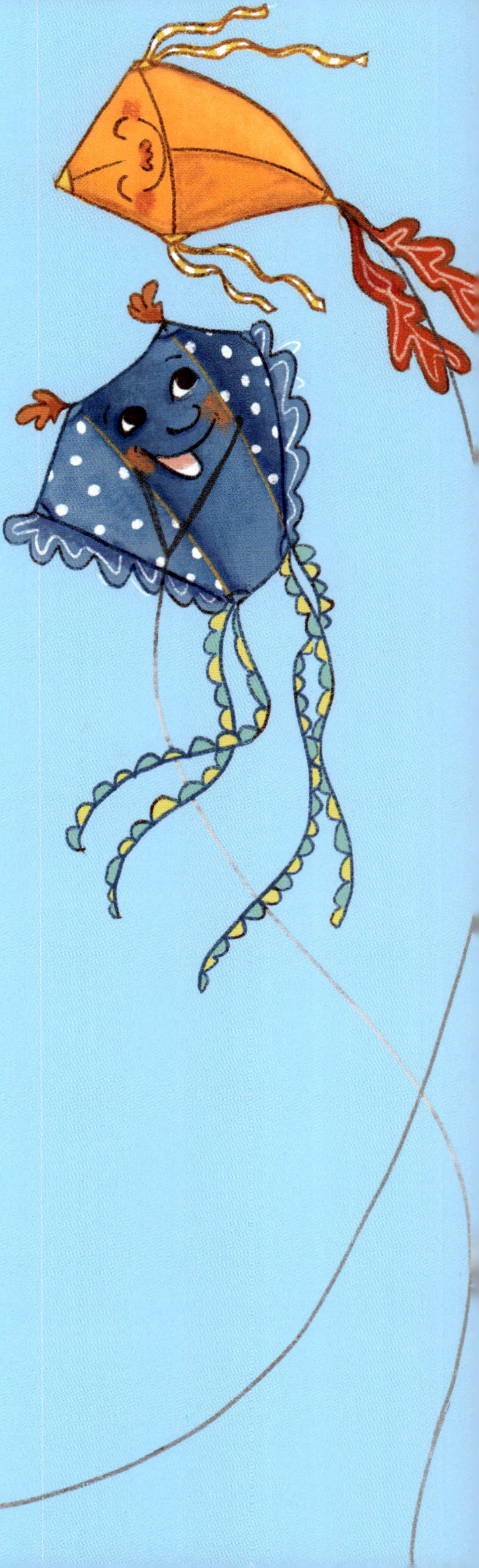

Gefühl möchte er jetzt aber nicht mehr zurückdenken. Viel lieber erinnert er sich daran, wie cool es oben in der Luft war. »Weißt du was? Vergessen wir das einfach. Wir sind doch Freunde. Genauso gute wie Lars und Finn«, sagt er deshalb.

»Du möchtest immer noch mein Freund sein?«, fragt Luk ungläubig.

Tristan lacht. »Natürlich! Dann können wir den anderen zeigen, wie gut Müllsack-Drachen durch die Luft düsen.«

Luk seufzt erleichtert. »Oh, das machen wir!«, ruft er.

Wenig später haben Finn und Lars Luk mithilfe des Müllsacks umgebaut. Und dann lassen sie ihre Drachen bis zur Abenddämmerung fliegen. Tristan und Luk – die besten Freunde, die je durch die Lüfte gesaust sind.

Baue deinen eigenen Drachen!

Du brauchst:

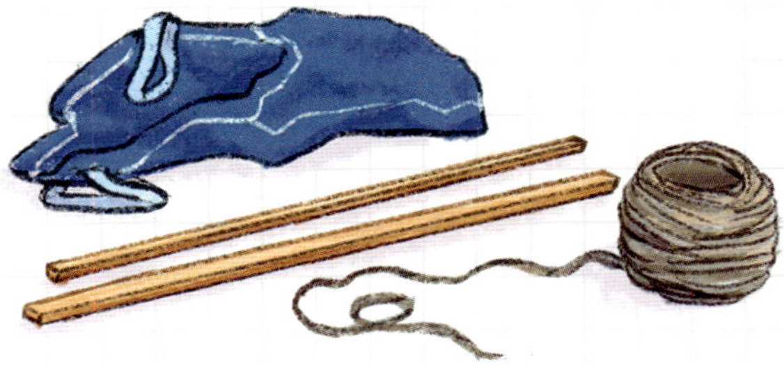

- einen großen, stabilen Müllsack
- 2 Vierkanthölzer à 80 cm
- Schnur
- Drachenleine (Nylonschnur um eine Spule gewickelt)
- Schere
- Isolierband
- Zahnstocher
- Folienstift

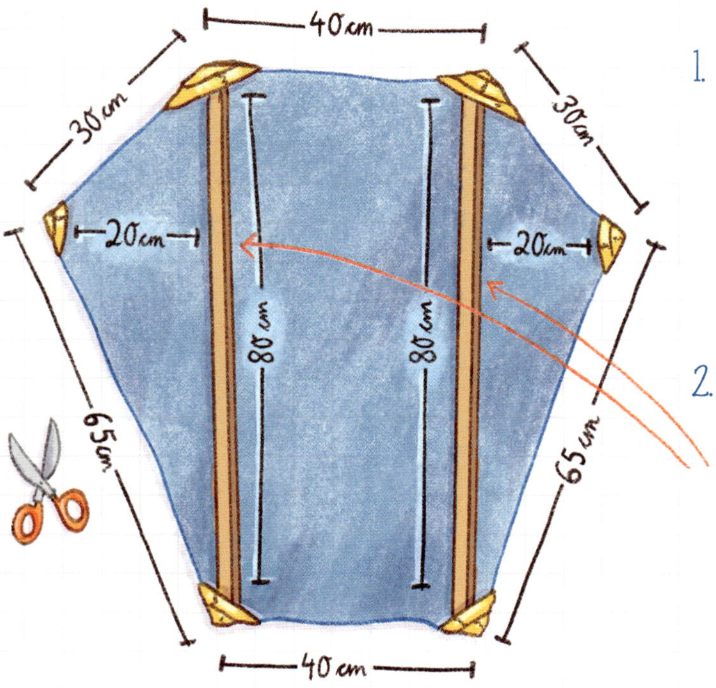

1. Trenne als Erstes den Müllsack an der Naht auf. Übertrage den Drachen (mit den Maßen wie auf dem Bild) auf die Folie und schneide die Form aus.

2. Nun klebst du die Hölzer mit einigen Streifen Isolierband auf die Folie. Die Hölzer und Streifen müssen gleich lang sein und symmetrisch angebracht werden.

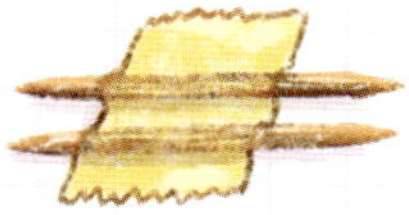

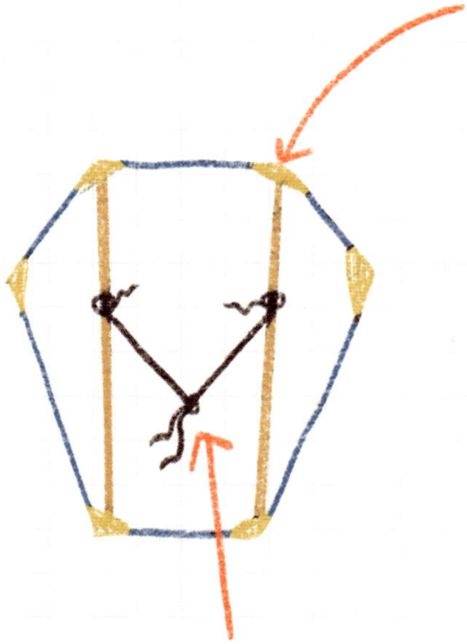

3. An den spitzen Seiten des Drachens machst du Löcher in die Folie, die du mit Zahnstochern und Isolierband verstärkst, damit sie später nicht einreißen.

4. Befestige zwei gleich lange Stücke Schnur und binde sie in der Mitte so zusammen, dass du eine Schlaufe hast. An der Schlaufe kannst du die Drachenleine befestigen.

Jetzt geht's raus in den Wind! Viel Spaß!

Ab in den Süden

Mürrisch plustert Georg sein Gefieder auf und vergräbt seinen Schnabel zwischen seinen Flügeln. Heute ist ein richtig ungemütlicher Tag. Es regnet und von den warmen Sonnenstrahlen der letzten Wochen ist nichts mehr übrig. Viele Spaziergänger sind bei dem Wetter auch nicht unterwegs. Sehnsüchtig schaut Georg zum Weg, der am See entlangführt. Er ist die einzige Graugans im ganzen Park, die einen Namen hat. Sophie hat ihm den gegeben und Georg ist ziemlich stolz darauf. Im Sommer war Sophie fast jeden Tag mit ihrem Opa im Park. Manchmal hatte sie sogar ein paar Haferflocken oder Körner dabei, die sie an die Gänse verfüttert hat.

Die anderen trauen sich nicht so nah an Sophie heran. Aber Georg hat keine Angst. Sophie ist seine Freundin und deshalb lässt er sich sogar von ihr streicheln. Ob sie heute auch kommt?

Da sieht er plötzlich zwei leuchtend bunte Punkte den Weg entlanghüpfen. Der eine sieht aus wie ein riesiger Marienkäfer. Der andere ist wie ein Regenbogen gestreift. Als sie näherkommen, erkennt Georg zwei Regenschirme.

»Hallo, Georg!«, ruft Sophie und platscht mit ihren grünen Gummistiefeln in eine große Pfütze hinein.

Georgs Herz macht einen Hüpfer. Sophie hat ihn nicht vergessen. Schnatternd springt er auf und rennt ihr entgegen. Lachend umarmt Sophie ihn. »Ich habe dir was zu fressen mitgebracht«, sagt sie und öffnet eine Brotdose. Unter ihrem Regenschirm fühlt sich Georg gleich ganz wohl. Es klingt lustig, wie der Regen daraufprasselt.

»Da haben wir aber Glück, dass die Gänse noch da sind«, meint Sophies Opa.

»Wieso?« Sophie hält Georg ein paar Körner hin, die er vorsichtig aus ihrer Hand pickt. Zögerlich nähern sich auch die anderen Graugänse.

»Bald fliegen die Gänse in den Süden«, erklärt Opa. »Der Winter bei uns ist für sie zu kalt. Deshalb machen sie sich im Herbst auf die Reise in ein wärmeres Gebiet.«

Georg erschrickt. Er weiß, dass Graugänse Zugvögel sind und den Winter im Süden verbringen. Aber ist es denn wirklich schon Zeit für die Reise?

Auch Sophie findet es nicht so toll, das Georg wegmuss. »Ach wie schade!«, sagt sie und streichelt Georgs langen Hals. »Ich werde dich total vermissen.«

Ich dich auch, denkt Georg traurig.

»Nach dem Winter kommen die Graugänse wieder zurück«, beruhigt Opa Sophie. »Im Frühling sind sie alle wieder da.«

Sophies Gesicht hellt sich auf. »Schön!« Sie wirft den Gänsen das restliche Futter hin. »Auf Wiedersehen, ihr lieben Gänse!«, ruft sie und geht mit ihrem Opa davon.

Bekümmert blickt Georg ihr nach. Sein Herz hüpft jetzt nicht mehr, sondern klopft ganz bang. Herbst

und Winter sind lang. Was, wenn Sophie ihn einfach vergisst? Oder wenn sie im nächsten Frühling gar nicht mehr in den Park kommt? Vielleicht will sie dann mal woanders spazieren gehen?

Aufgeregt watschelt Georg zu seiner Mama. »Stimmt es, dass wir bald losfliegen müssen?«, fragt er.

Seine Mama nickt. »Ja, das stimmt. Du merkst ja selbst, dass es jeden Tag kühler wird. Den Winter würden wir hier nicht aushalten. Morgen fliegen wir los.«

Georg lässt den Kopf hängen. Aufmunternd fügt seine Mutter hinzu: »Dort, wo wir hinfliegen, scheint wieder die Sonne.«

Doch das heitert Georg nicht auf. Die ganze Nacht kann er nicht richtig schlafen. Im Morgengrauen stellen sich die Gänse auf der Wiese neben dem See auf. Ganz vorne steht Georgs Papa. Dahinter seine beiden Onkel und alle weiteren Gänse. Sie schnattern um die Wette gegen die Kälte an. Das Gras ist nass. Dicker Nebel hängt über der Wiese und man kann noch nicht weit blicken. Georg ist sehr müde und kriegt sowieso kaum ein Auge auf. Da er noch ganz jung ist, wird er weit hinten fliegen.

Jetzt breiten die Gänse ihre Flügel aus und steigen in den grauen Himmel auf. Unter ihnen sind die Dächer der Stadt. Autos schieben sich dicht an dicht durch die Straßen. Kinder gehen zur Schule und in die Kita. Plötzlich sieht Georg Sophie. Sie steht mit ihrer Mama an der Bushaltestelle und zeigt nach oben.

Georg schnattert laut. Mit einem Mal hat er eine tollkühne Idee. Er fackelt nicht lange und dreht ab.

»Georg!«, rufen seine Geschwister aufgeregt. Doch Georg hat nur Sophie vor Augen. Er fliegt geradewegs auf sie zu. Die Kinder an der Haltestelle werden ganz aufgeregt. »Die Graugans kommt genau auf uns zu!«, ruft ein Junge.

»Was will die von uns?«, fragt ein anderer ängstlich.

»Das ist Georg«, erklärt Sophie stolz. »Er ist ganz lieb.«

Georg landet direkt vor Sophie und schmiegt seinen Kopf an ihren Anorak.

Die anderen Graugänse sind in der Zwischenzeit auf dem Dach eines Hochhauses gelandet und schnattern laut.

»Wolltest du mir auf Wiedersehen sagen?«, fragt Sophie und krault Georg liebevoll den Hals. Georg weicht nicht von ihrer Seite.

»Er will bei dir bleiben«, meint Sophies Freundin.

»Es sieht wirklich so aus«, findet auch Sophies Mama.

Georg zupft an Sophies Rucksack. Hat sie nicht irgendwo was zu futtern für ihn? Sein Magen knurrt heftig.

Sophie lacht. »Hey, mein Brot für die Kita brauche ich selbst. Außerdem ist Brot nicht gut für dich. Das kann dich krank machen.«

»Georg!«, ruft Georgs Papa. »Bitte komm, wir müssen weiter.«

»Ich bleibe hier!«, schnattert Georg zurück. »Ich wohne bei Sophie, dann wird mir nicht kalt.«

»Das kannst du doch nicht machen!«, schnattert seine Mama entsetzt.

»Du gehörst zu uns«, meint sein Bruder ganz traurig.

Da bekommt Georg ein schlechtes Gewissen. Seine Familie hat recht. Aber zu Sophie gehört er auch irgendwie, oder? Jetzt weiß er gar nicht mehr, wie er sich entscheiden soll.

Sophie guckt zwischen Georg und den anderen Graugänsen hin und her. »Ich werde dich vermissen«, sagt sie leise. »Aber deine Familie vermisst dich noch viel mehr, wenn du nicht mitfliegst.« Sie umarmt Georg ganz fest. Die anderen Kinder sehen verblüfft zu. »Weißt du, Georg«, sagt Sophie. »Wir haben nur eine ganz kleine Wohnung. Da würdest du dich nicht wohlfühlen.«

Georg schluckt. Sophie hat auch recht. Er hat keine Sekunde überlegt, ob das funktionieren würde. Er wollte nur bei ihr sein.

Sophie streichelt über Georgs Rücken. »Ich warte auf dich. Im Frühling besuche ich dich ganz oft den Park. Versprochen! Das wird so schön, wenn wir uns wiedersehen!«

Als Georg in Sophies Augen blickt, spürt er, dass sie es ernst meint. Das beruhigt ihn – und macht ihm den Abschied leichter.

Ein letztes Mal umarmt Sophie Georg. »Flieg jetzt los«, sagt sie. »Ich denke jeden Tag an dich!«

»Und ich an dich!«, verspricht Georg. Dann breitet er seine Flügel aus und schwingt sich in die Luft. Er genießt die staunenden Blicke der Kinder und von Sophies Mama, als er zu seiner Familie fliegt.

Jubelnd empfangen seine Geschwister ihn. »Weiter geht's«, ruft sein Vater und hebt ab.

Unten steht Sophie und winkt. Georg ist glücklich. Er wird Sophie wiedersehen.

Eine Gänseschar fürs Fenster

Mit dem Flug der Graugänse kannst du ein tolles Bild an dein Fenster zaubern.

Übertrage die Umrisse der Gans mehrmals auf weißes Papier und schneide sie aus. Male die Gänse so an, wie es dir gefällt.

Nun klebst du sie, wie auf dem Bild zu sehen, an dein Fenster.

Das Erntedankfest

Dicke rotgelbe Äpfel hängen am Apfelbaum. Seine Äste biegen sich schon bald, so schwer sind die Früchte. Levi läuft das Wasser im Mund zusammen, wenn er sie anschaut. Er läuft zu seinen Papas Thilo und Jürgen. »Hey, wir müssen ernten!«, fordert er.

»Gute Idee!«, antwortet Jürgen. »Trommle mal noch die anderen zusammen.«

Levi wohnt mit seinen beiden Papas in einem Haus mit vielen Zimmern und großem Garten. Weil für die drei allein alles zu riesig wäre, leben auch noch Lisa und Antje, Tessa und Mark und Bea und Winfried dort. Alle sind miteinander befreundet und verstehen sich prima. Antje bekommt bald ein Baby, darauf freut sich Levi schon sehr. Dann wird er eine kleine Schwester haben.

»Kommt mal alle her!«, ruft Levi, so laut er kann.

Und dann passiert … nichts. Es dauert eine ganze Weile, bis jemand kommt. Bea und Winfried sind unterwegs. Antje schläft. Mit ihrem dicken Bauch wäre sie sowieso keine Hilfe. Lisa, Tessa und Mark kommen nach einer gefühlten Ewigkeit angeschlendert.

»Was ist denn los?«, fragt Lisa neugierig.

»Im Garten gibt's viel zu tun«, meint Thilo und krempelt seine Hemdsärmel hoch.

»Genau, zum Beispiel Äpfel ernten!«, erklärt Levi nachdrücklich.

»Stimmt«, erwidert Tessa mit einem Blick nach draußen. »Und nicht nur die Äpfel sind reif.«

Neben dem Apfelbaum steht der alte knorrige Birnbaum mit seinen saftigen Früchten und am Gartenhäuschen wachsen Weintrauben, die total lecker schmecken. Levi hat schon ein paar probiert. Außerdem ist einiges an Gemüse reif: Kürbisse, Blumenkohl, Rote Beete, Mangold und noch mehr.

Mark holt Eimer und Körbe und Stiegen aus dem Keller und schon geht es los. Am liebsten möchte Levi überall gleichzeitig ernten. Aber das funktioniert natürlich nicht. Also hilft er erst mal Thilo beim Apfelbaum. Lisa und Jürgen ernten die Birnen, Tessa die Trauben und Mark widmet sich dem Gemüse. Es macht richtig Spaß und die Körbe füllen sich schnell.

»Wisst ihr, was mir gerade eingefallen ist?«, ruft Jürgen irgendwann. »Morgen ist Erntedank!«

Das Erntedankfest wird immer am ersten Sonntag im Oktober gefeiert. Wer mag, bringt Gemüse und Obst in die Kirche, um sich für die reiche Ernte zu bedanken.

»Stimmt! Lasst uns einen großen Korb in die Kirche bringen«, antwortet Mark. »Das ist sogar für einen guten Zweck! Das Essen wird nämlich an Leute gespendet, die nicht so viel haben.«

Das finden alle gut. Levi klettert auf den Baum und pflückt einen Apfel nach dem anderen. Die kleinen und die mit den Dellen legt er beiseite. »Nur die schönsten Äpfel kommen in unseren Erntedankkorb«, sagt Levi eifrig.

Thilo schmunzelt, sagt

aber nichts. Da fällt sein Blick zum Boden. »Schau mal, da liegt eine Karotte.«

»Wo kommt die denn her?« Levi klettert den Baum hinunter und hebt die Karotte auf. Komisch, Karotten wachsen in ihrem Garten doch gar nicht. »Das muss eine ganz besondere Karotte sein«, meint Levi.

»Stimmt«, sagt die Karotte.

Levi lacht, denn natürlich weiß er, dass Karotten nicht sprechen können. Thilo verstellt seine Stimme und lässt die Karotte weiterreden: »Ich heiße Karla. Könntest du bitte auch meinen Freund Aaron Apfel in den Korb legen?« Karla Karotte zeigt auf den Boden, wo ein kleiner Apfel mit einem großen Knubbel liegt.

Levi schüttelt den Kopf. »Der ist nicht besonders schön, den lass ich lieber liegen.«

»Ach so«, antwortet Karla Karotte und klingt enttäuscht. »Weißt du, wie ich hier gelandet bin? Dein Nachbar hat mich aus der Erde gezogen und weil er mich klein und mickrig fand, hat er mich einfach über den Zaun geworfen.«

»So ist es mir auch ergangen«, sagt Aaron traurig.

Levi bekommt einen roten Kopf. »Entschuldigung, Aaron«, sagt er und legt den Apfel schnell in den Korb.

»Zum Glück ist Aaron nicht nachtragend«, meint Papa Thilo lachend. Dann erklärt er ernster: »Der Apfel schmeckt genauso gut, auch wenn er ein paar Macken hat. Man sollte nie etwas einfach achtlos wegschmeißen.«

Levi nickt und klettert wieder in den Apfelbaum hinauf. Jetzt dürfen alle Äpfel in den Korb, egal wie sie aussehen.

Plötzlich geht oben im Haus ein Fenster auf. Antje schaut heraus. Sie schnauft und ihre Wangen sind ganz rot. Vor Anstrengung oder vor Aufregung – Levi weiß es nicht genau. »Lisa, ich glaube, das Baby kommt!«, ruft sie zwischen zwei Schnaufern.

»Jetzt?« Vor Schreck lässt Lisa den Eimer mit den Birnen los.

Jürgen kann ihn im letzten Moment auffangen und verhindern, dass die Früchte auf den Boden dotzen. »Dann mal los mit euch«, sagt er lachend.

Levi kriegt ganz schwitzige Hände. »Jetzt bin ich bald großer Bruder«, flüstert er.

Thilo nickt. »Sieht ganz so aus«, sagt er und nimmt Levi in den Arm. »Viel Glück!«, ruft er Lisa und Antje zu, als die beiden zum Auto gehen. Lisa stützt Antje. Die beiden sind total nervös.

»Fahrt vorsichtig und meldet euch bitte gleich!«, fügt Tessa hinzu.

»Machen wir!« Antje winkt und lächelt nervös. Dann steigt sie in das Auto und Lisa fährt los.

»Wie lange dauert das jetzt?«, will Levi wissen.

Thilo zuckt mit den Schultern. »Das kann man nie so genau sagen. Es kann ganz schnell gehen oder viele, viele Stunden dauern.«

Um sich abzulenken, beschließen alle, noch ein bisschen weiterzuernten. Schließlich soll der Korb pünktlich zum Erntedankfest in der

Kirche stehen. Nach einer Weile ist er prall gefüllt mit Äpfeln, Birnen, Trauben, Blumenkohl, Kürbis, Roter Beete und Mangold. Ganz oben liegen Aaron Apfel und Karla Karotte.

Levi und seine Papas hieven den schweren Korb in den Hausflur. Winfried und Bea kochen eine leckere Reispfanne mit Gemüse-Curry und Tessa und Mark kümmern sich um den Nachtisch. Es gibt warmen Apfel-Crumble.

Nach dem Essen geht Levi ins Bett. Aber er kann lange nicht einschlafen. Viel zu viele Gedanken gehen ihm durch den Kopf und irgendwann sinkt er in einen verrückten Traum, in dem Babys, Karotten, Äpfel und Kirchtürme vorkommen.

Mitten in der Nacht weckt Jürgen Levi sanft. »Deine Schwester ist da«, flüstert er. »Sie heißt Anne und ist kerngesund.«

Levi freut sich riesig, aber er ist sooo müde. Apfelkerngesund, denkt er noch und dann ist er auch schon wieder eingeschlafen.

Am nächsten Morgen gehen alle zusammen zur Kirche und stellen den Erntedankkorb vor den Altar.

Die Pastorin hält eine Predigt, in der sie erzählt, wie wertvoll all das Obst und Gemüse ist. Fast kommt es Levi so vor, als würden Aaron und Karla ihm zuzwinkern. Am Ende singen alle ein schönes Lied, mit dem sie Danke für die reiche Ernte sagen. Als der letzte Ton verklungen ist, fällt Levi noch was ein. »Und danke für Anne!«, singt er.

Jürgen, Thilo und die anderen Gottesdienstbesucher lachen und sogar die Pastorin muss schmunzeln. »Ja, für Anne sind wir natürlich auch dankbar«, fügt sie hinzu.

Nach dem Gottesdienst geht Levis große Familie wieder nach Hause. Dort warten schon Lisa, Antje und Anne. Sie sehen sehr glücklich aus und ein bisschen müde. Anne schläft ganz fest. Sie hat ein rosiges, runzliges Gesicht. »Wie ein verschrumpelter Apfel«, sagt Levi, als er ihr vorsichtig über die Wange streichelt.

Antje lacht. »Ja, stimmt. Aber wie ein ganz besonders süßer Apfel. Sie muss sich ein bisschen ausruhen. Dann sieht sie auch nicht mehr so verknautscht aus, keine Sorge«

Levi streichelt Anne noch einmal und sagt: »Ich mag dich auch so, mit deinen ganzen Dellen!«

Apfel-Crumble

Du brauchst:

- 4 Äpfel
- Zitronensaft
- 1 TL Zucker und Zimt
- 150 g Mehl
- 70 g Zucker
- 95 g Butter
- 1 Prise Salz
- 4–6 feuerfeste Förmchen

1. Zuerst schälst du die Äpfel und schneidest sie in kleine Stückchen. Mische sie nun mit etwas Zitronensaft und Zimt und Zucker und lass sie durchziehen.

2. Währenddessen heizt du den Backofen auf 200 Grad vor. Dabei lässt du dir natürlich von einer erwachsenen Person helfen. Mische das Mehl mit dem Zucker und dem Salz und füge die Butter in kleinen Flocken hinzu. Verknete alles zu krümeligen Streuseln.

3. Fette die Förmchen mit etwas Butter und fülle zunächst die Apfelmasse hinein. Dann kommen noch die Streusel obendrauf. Das alles wird ca. 20 Minuten im Ofen gebacken. Tipp: Eine Kugel Vanilleeis schmeckt himmlisch dazu. Guten Appetit!

Maya und die Kastanien

In der Nacht pfeift ein kräftiger Herbststurm um das Haus und rüttelt an den Rollläden. Maya findet Stürme unheimlich gemütlich. Jedenfalls, wenn sie drinnen ist. Am Morgen ist der Sturm zum Glück vorbei.

»Jetzt können wir Kastanien sammeln!«, jubelt Maya.

Nicht weit von ihrem Haus beginnt der Wald. Im Garten steht ein riesiger Kastanienbaum. Jetzt im Herbst hängen kleine und große dicke, runde Kastanien daran. Sie wachsen in ihrer stacheligen grünen Schale heran. Die Kastanien sind nämlich die Früchte des Kastanienbaumes, das weiß Maya von ihrem Papa. Der ist Förster und kennt sich aus. Wenn die Kastanien reif sind, platzt die grüne Schale auf und die Früchte fallen auf den Boden. Und je stärker der Wind an den Ästen rüttelt, desto mehr Kastanien plumpsen herunter.

»Papa, kommst du endlich?«, ruft Maya laut.

Papa macht gerade ein Feuer im Kamin an, damit das Wohnzimmer schön warm wird. »Bin ja schon fertig«, sagt er.

Maya zieht ihren Regenmantel an. Den hat Mama ihr extra für Schmuddelwetter gekauft und sie ist ganz stolz drauf. Jetzt braucht sie nur noch einen kleinen Eimer, in den sie die Kastanien legen kann und schon ist sie startklar.

Außer Papa und Maya ist so früh noch niemand draußen. Sie haben ja noch nicht mal gefrühstückt. Maya ist so aufgeregt! Rund um den großen alten Kastanienbaum ist der Boden übersät mit glänzenden braunen Kugeln. Strahlend sammelt Maya sie ein. Sie sind noch ganz nass vom

Regen, aber das ist ihr egal. Papa passt auf, dass nicht noch eine Kastanie auf Mayas Kopf plumpst.

Als Mayas Eimer voll ist, gehen Papa und Maya wieder rein.

An manchen Kastanien kleben Erde und kleine Blätter. Deshalb leeren sie den Eimer im Waschbecken aus. Mama lässt Wasser darüberlaufen und trocknet die Kastanien anschließend mit einem großen Handtuch ab.

Nach dem Frühstück beginnen Maya und Mama zu basteln. »Ich mache eine Katze«, sagt Mama. »So eine süße, wie unsere Nachbarn eine haben. Und du?«

Maya wollte eigentlich auch gern eine Katze basteln, aber sie überlegt es sich anders. »Ich mach Papa«, sagt sie grinsend und nimmt einen Zahnstocher. Den pikst sie in eine Kastanie hinein. Das ist der Kopf. Dann kommt eine dickere Kastanie als Bauch unten dran und noch vier weitere Zahnstocher für Arme und Beine. Das Gesicht gestaltet Maya ebenfalls aus Zahnstochern, die sie anschließend abschneidet. Am Ende nimmt sie das Häubchen einer Eichel, die sie unterwegs gefunden hat, und klebt es oben auf den Kopf. Das ist Papas Försterhut. »Fantastisch!«, meint Mama. »Das sieht Papa zum Verwechseln ähnlich.« Sie lachen sich beide kaputt und Maya freut sich schon darauf, wenn Papa aus dem Wald zurück ist und das Männlein bewundern kann.

Doch dann kommt es ganz anders. Als Mama auf die Toilette geht, bewegt sich das Papa-Männlein plötzlich. Maya reibt sich verdutzt die Augen. Das kann doch nicht sein? Das Männlein streckt seine dünnen Zahnstocher-Ärmchen in die Höhe und rekelt sich. »Uaaaah«, gähnt es herzhaft und sieht sich um. »Wo bin ich denn hier gelandet?«, fragt es und blickt Maya interessiert an.

Die schaut mindestens genauso neugierig zurück. »Bei mir zu Hause. Ich hab dich gebastelt«, erklärt sie. »Du sollst eigentlich mein Papa sein.«

Das Männlein prustet los. »Das sieht ja wohl ein Blinder, dass ich nicht dein Papa bin. Ich bin doch viel zu klein!«

Maya kichert. »Da hast du recht. Dann nenne ich dich jetzt Floh, weil du so winzig bist.«

»Okay«, sagt Floh und ist plötzlich wieder ganz still und reglos.

Mama ist zurückgekommen. »Das ist doch nicht Papa. Der ist ja viel

größer«, sagt Maya. »Ich habe das Männchen Floh genannt.« Sie schaut richtig lange auf Floh, doch der bewegt sich nicht mehr.

»Okay! Was basteln wir als Nächstes?«, fragt Mama.

»Och, ich geh lieber mit Floh in mein Zimmer. Hab keine Lust mehr«, antwortet Maya gedehnt. Sie hat nämlich das Gefühl, dass Floh nur lebendig wird, wenn sie allein mit ihm ist.

»Ach, echt?« Mama klingt ein wenig enttäuscht.

»Wir können ja später noch weiterbasteln«, sagt Maya zum Trost. Dann schnappt sie sich Floh und saust davon.

In Mayas Zimmer klettert Floh auf Mayas Bett und staunt. »Bei dir sieht

es ja schön gemütlich aus. Schläfst du hier?«, fragt er.

»Ja!« Maya nickt stolz.

Die Blumen auf der Bettwäsche gefallen Floh besonders gut. Er vergräbt sein Gesicht in dem Kissen. Doch dann sagt er: »Ich rieche gar nichts.«

Maya lacht. »Sind ja auch keine echten Blumen!«

»Schade«, meint Floh. Dann schlägt er einen Purzelbaum und noch einen und die beiden hüpfen auf Mayas Bett herum.

Zur Stärkung mopst Floh ihnen danach heimlich Kekse aus der Küche. Leider hinterlässt er dabei eine Krümelspur, die direkt in Mayas Zimmer führt.

»Maya?«, ruft Mama. »Hast du dir Kekse genommen?«

»Das war Floh«, meint Maya und hält das Kastanienmännlein hoch.

Mama muss schmunzeln. »Das nächste Mal fragst du aber!«, sagt sie mit erhobenem Zeigefinger.

Floh und Maya lassen sich die Kekse schmecken. »Du bist ein toller Freund«, sagt Maya.

Draußen ist die Herbstsonne zwischen den Wolken hervorgekrochen. Sehnsüchtig schaut Floh zum Fenster hinaus.

»Was wollen wir jetzt spielen?«, fragt Maya.

Aber Floh hört ihr gar nicht mehr zu. Er springt auf, geht zu ihren Regalen und zieht einfach alles heraus, was da so steht: Stofftiere, Bücher,

Spiele, Puzzles, Mayas Holzspielzeug – alles fliegt auf den Teppich in der Mitte.

»Was machst du denn da?«, ruft Maya entgeistert.

»Ich suche die Natur«, antwortet Floh. »Ah, da ist sie ja!« Er hat ein Buch über den Wald entdeckt. Maya liebt es über alles. Schon ganz oft hat sie es zusammen mit Papa oder Mama angeguckt. Jetzt will Floh eine Seite herausreißen.

»Nein!«, ruft Maya entsetzt und kann es gerade noch verhindern.

»Aber ich brauche die Natur doch!«, schnieft Floh und sieht auf einmal ganz traurig aus.

»Im Buch sind nur Bilder«, erklärt Maya. »Die echte Natur ist draußen.«

Floh presst sein Kastaniengesicht gegen die Fensterscheibe. »Wäre es sehr schlimm für dich, wenn ich lieber da draußen wohnen würde als in deinem Zimmer?«, murmelt er.

Einen kleinen Stich verspürt Maya schon, als er das fragt. Doch sie schüttelt tapfer den Kopf. »Nein, wenn das besser für dich ist, dann bringe ich dich jetzt raus.« Plötzlich hat sie eine Idee. Ihre Augen leuchten auf. »Ich baue dir im Garten eine Höhle. Da kannst du wohnen und ich kann dich immer besuchen.«

Floh hüpft vor Freude wie ein Flummi auf und ab. »Toll!«, ruft er. Dann wird er wieder ernst. »Aber ich will nicht allein wohnen, ja?«

Lachend schüttelt Maya den Kopf. »Nein! Du bekommst ein paar Geschwister. Mama und ich wollten eh weiterbasteln.«

Gemeinsam mit Mama gestaltet Maya noch drei weitere Kastanienfiguren, einen Igel und zwei Hunde. Danach geht sie nach draußen und baut mit buntem Herbstlaub und etwas nasser Erde eine leuchtende Höhle auf der Wiese im Garten. Flohs Geschwister sind genauso nett wie er. Sie heißen Polly, Rick und Mucks und freuen sich riesig über ihr neues Zuhause.

»Mit den übrigen Kastanien können wir was spielen«, schlägt Mucks vor. »Kennt ihr Kastanien-Boccia?«

Und dann spielen sie so lange, bis die Sonne hinter dem Wald versinkt.

Kastanien-Boccia

Du brauchst:

- 5 Kastanien pro Mitspieler*in
- 1 Zahnstocher
- Klebstoff und etwas Papier für das Fähnchen

1. Als Erstes bastelst du das Fähnchen. Klebe dafür ein Stück Papier um das Ende des Zahnstochers, sodass eine kleine Fahne entsteht. Diese steckst du in eine große Kastanie hinein.

2. Die Kastanie mit dem Fähnchen wird dort ausgelegt, wo ihr spielen wollt.

3. Jedes Kind bekommt 5 Kastanien. Nacheinander dürft ihr von der genau gleichen Stelle eure Kastanien werfen. Dabei versucht ihr, die Kastanie mit der Fahne zu treffen.

4. Die Kastanie, die am nächsten dran ist, bleibt liegen. Alle anderen Kastanien werden wieder aufgenommen. Das Kind, das als Erstes keine Kastanien mehr hat, hat gewonnen.

Tipp: Um die Kastanien besser unterscheiden zu können, kannst du sie mit verschiedenen Farben anmalen.

Das grosse Entenrennen

»Ja, Berta, los! Du bist super!«, ruft Wichtel Knut begeistert. Seine Zipfelmütze schlenkert hin und her, während er auf Bertas Rücken den Fluss hinabsaust. Berta ist eine der schnellsten Enten im ganzen Wichtelwald. Seit Tagen trainieren Knut und sie für das große Entenrennen. Das findet jeden Herbst statt, wenn der Bach sich nach dem Regen in einen wilden Fluss verwandelt. Berta schießt über die Ziellinie und atmet tief durch. »Wie schnell war ich?«, fragt sie keuchend.

Knut blickt auf seine Stoppuhr. »Ziemlich schnell«, erwidert er fröhlich. »Die anderen müssen sich richtig anstrengen, wenn sie mit uns mithalten wollen.«

Zufrieden schwimmt Berta ans Ufer und watschelt den Hang hinauf. »Ich glaube, dass wir diesmal gewinnen können«, sagt sie.

Eine aufregende Vorfreude durchströmt Knuts kleinen Wichtelkörper, als er das hört. Letztes Jahr haben sie zum ersten Mal beim Entenrennen mitgemacht und den vierten Platz belegt. Seitdem haben sie fast jeden Tag geübt. Berta ist stärker geworden und kann viel schneller schwimmen. Das weiß Knut, weil er es immer mit seiner kleinen Stoppuhr überprüft. »Ich habe auch ein gutes Gefühl«, sagt er zuversichtlich. »Und damit wir morgen so richtig fit sind, koche ich uns jetzt noch etwas Leckeres.«

Morgen findet nämlich das Entenrennen schon statt.

Die beiden gehen zum Wichtelhaus und Knut kocht ihnen eine leckere Pilzpfanne mit Kräutern und Hafergrütze. Nachdem sie so richtig satt sind, gehen sie früh ins Bett.

Berta gähnt. »Gute Nacht, Knut«, schnattert sie und ist auch schon eingeschlafen.

Das ist die Hauptsache, denn Berta soll morgen ihr Bestes geben. Knut dreht sich von einer Seite auf die andere. Vor Aufregung bekommt er kein Auge zu. Jede kleine Falte im Bettlaken stört ihn plötzlich. Außerdem hat er einen ganz trockenen Hals. Er steht auf und trinkt einen Schluck Kräutertee. Dann sucht er die bunt geringelten Socken, die Oma Inge ihm gestrickt hat. Leise öffnet er ein Fenster. Die Nacht ist angenehm klar und frische Luft schadet nicht, so kann Berta bestimmt noch besser schlafen. Die Ente schnarcht ganz leise. Liebevoll betrachtet Knut sie. Ihre Federn schimmern im Mondlicht, das zum Fenster hereinfällt. Eigentlich ist es ganz egal, ob wir gewinnen, denkt Knut. Aber toll wäre es natürlich. Er stellt sich vor, wie sie auf dem Siegertreppchen stehen und die goldene Medaille umgehängt bekommen. Dieser Traum gefällt ihm außerordentlich gut und er legt sich wieder ins Bett. Aber schlafen kann

er trotzdem noch nicht. Nun beginnt er die Sterne am Himmel zu zählen. Bei einer sehr hohen Zahl fallen ihm endlich die Augen zu. Er bekommt gar nicht mehr mit, dass ein Wind aufkommt, der viele Blätter und Äste von den Bäumen pustet.

Am nächsten Morgen ist Knut noch viel aufgeregter als in der Nacht. Sein Beerenmüsli bekommt er kaum runter. Auch Berta wirkt angespannt, aber insgesamt ist sie viel lockerer als Knut. »Das wird schon«, beruhigt sie ihren Wichtel.

Nach dem Frühstück brechen die beiden zum Flussufer im oberen

Wichtelwald auf. Dort startet das Rennen. Viele Wichtel haben sich schon mit ihren Enten versammelt. Am Ufer hat sich fast der ganze Wichtelwald versammelt. Alle wollen zuschauen und sind gespannt, wer das Rennen gewinnt. Viele Wichtelfrauen und -männer sind schon mit ihren Enten am Start. Auch Berta und Knut nehmen die Startposition ein. Kurz bevor es losgeht, schließt Berta ihre Augen und atmet tief durch.

Dann fällt der Startschuss. »Auf die Plätze, fertig, los!«, ruft ein Oberwichtel und schwenkt eine Fahne. Sofort schießen die Enten durchs Wasser. Berta paddelt mit kräftigen Tritten voran. Schon überholt sie die ersten Enten.

Läuft ja prima, denkt Knut erfreut und ruft Berta zur Sicherheit zu: »Du bist super, weiter so!«

Das spornt Berta an. Ihre Beine paddeln gleichmäßig durchs Wasser und sie wird immer schneller. Bald hat sie alle Enten überholt.

»Ja, toll!«, schreit Knut ausgelassen. Er ist jetzt kaum noch zu halten. Berta wird das Rennen gewinnen, da ist er sich ganz sicher. Sie biegen um eine Kurve. Die Ziellinie ist schon in Sicht.

Doch plötzlich passiert etwas Unerwartetes. Eine kleine Unachtsamkeit: Knut hat den Ast nicht gesehen, der vom Ufer ins Wasser hineinragt. Vielmehr hat er

ihn gesehen, aber falsch eingeschätzt. Mit seiner Wichtelweste bleibt er daran hängen.

»Ooooh!« Er verliert den Halt und purzelt ins Wasser. Seine Jacke baumelt am Ast. »Schwimm weiter!« ruft er Berta zu. Sie gewinnt auch, wenn sie ohne ihn als Erste ins Ziel kommt. Aber Berta denkt nicht daran. Sie stoppt und schwimmt sofort zu Knut zurück. Mit ihrem Schnabel packt sie ihn und setzt ihn auf ihren Rücken. Die anderen haben aufgeholt. Eine Ente nach der anderen zieht an den beiden vorbei.

»Los, weiter geht's«, meint Berta nur und paddelt energisch hinterher.

Doch sie kann sich noch so anstrengen, sie schafft es nicht mehr, die anderen einzuholen. Als Letzte schwimmt sie über die Ziellinie.

Die Zuschauer jubeln den ersten drei Wichteln und ihren Enten zu. Eine Siegermelodie ertönt. Stolz klettern die Wichtel mit ihren Enten auf das Siegerpodest und bekommen ihre Medaillen überreicht.

»Warum bist du denn nicht weitergeschwommen?«, fragt Knut enttäuscht.

Berta knufft ihn mit ihrem Schnabel in die Seite. »Weil du dann jetzt nicht bei mir wärst. Ich weiß, du hast es dir so toll ausgemalt. Und ich hätte gern mit dir da oben auf dem Treppchen gestanden. Aber weißt du, es gibt Wichtigeres, als ein Rennen zu gewinnen.«

Niedergeschlagen sieht Knut seine Berta an. »Ach, wäre ich doch nicht ins Wasser gefallen«, seufzt er unglücklich.

»Bist du aber«, antwortet Berta. »Das war Pech. Ich habe einen riesigen Schrecken bekommen und bin froh, dass alles gut gegangen ist.«

»Aber ich kann doch schwimmen«, wendet Knut ein.

»Trotzdem«, entgegnet Berta. »Der Fluss ist im Herbst gefährlich. Wenn dir etwas passiert wäre, hätte ich mir das nie verziehen. Dafür habe ich gern das Rennen verloren.«

Jetzt kullern Tränen über Knuts Wangen. Ganz gerührt umarmt er Berta und kuschelt sein Gesicht in ihre Federn. »Ach Berta, du bist und bleibst die tollste Ente im ganzen Wichtelwald!«, sagt er.

Berta nickt. »Und du bist mein allerliebster Wichtel. Wir sind ein gutes Team in jeder Lebenslage. Und das ist doch eigentlich der Hauptgewinn.«

So hat Knut es noch nicht betrachtet. Zwischen den Bäumen blinzelt jetzt die Herbstsonne hindurch und taucht den Wichtelwald in rotgoldenen Glanz. Knut lächelt. Was für ein schöner Tag!

Wer schwimmt am schnellsten?

Möchtet ihr euer eigenes Entenrennen veranstalten? Es ist ganz einfach. Jeder braucht ein Badeentchen. Ihr könnt damit nach draußen gehen. Im Herbst gibt es oft richtig große Pfützen, wenn es lange geregnet hat. Setzt eure Enten an den Anfang einer Pfütze und haltet ein Stöckchen davor. Einer ruft »Auf die Plätze, fertig, los!« und zieht das Stöckchen weg. Nun treibt ihr eure Ente mit einem Stöckchen voran. Die Ente, die als Erste am anderen Ende der Pfütze ankommt, hat gewonnen.

Tipp bei schlechtem Wetter: Ihr könnt das Rennen auch in einer Wanne mit Wasser veranstalten. Dann wird jedoch gepustet, um die Enten voranzubringen. Anstupsen ist hier verboten!

Viel Spaß!

Im Herbstwald

»Da ist ein Fliegenpilz!«, ruft Sam. Fasziniert betrachtet er den roten Pilz mit den weißen Punkten.

»Nicht anfassen«, warnt Papa.

»Und schon gar nicht pflücken«, fügt Mama hinzu.

»Weiß ich doch«, gibt Sam zurück. »Fliegenpilze sind giftig.«

»Giftig?«, fragt Sue.

»Das bedeutet, dass man sie nicht essen darf«, erklärt Sam seiner kleinen Schwester. »Weil man sonst krank werden oder sogar sterben kann.«

»Dann mach ich den blöden Fliegenpilz kaputt!«, ruft sein kleiner Bruder Justin wütend.

Sam hält ihn schnell fest. »Nein!«

»Lass den Fliegenpilz in Ruhe«, bittet Papa Justin. »Er hat dir nichts getan und er sieht doch hübsch aus.«

»Na gut«, brummt Justin.

Sam ist ein richtiges Stadtkind, aber heute mit seiner Familie im Wald zum Wandern und Pilzesammeln. Über eine Stunde sind sie mit dem Auto gefahren. Aber es hat sich gelohnt. Im Herbst ist der Wald besonders schön und unglaublich bunt. Die Sonne schimmert goldgelb durch die Bäume auf den rotbraunen Waldboden. Der Himmel ist strahlend blau.

»Zauberhaft ist das hier!«, seufzt Mama. »Wir sollten viel öfter herkommen.«

»Find ich auch«, sagt Papa. »Besonders jetzt, wo ich diese coole App installiert habe.« Er hält ganz stolz sein Handy in die Höhe. Wandern ist eigentlich nicht so Papas Ding. Aber die App schlägt besonders schöne Routen vor. Das findet Papa faszinierend. Vor dem Losfahren hat er sich einen anspruchsvollen Weg ausgesucht und auf sein Handy geladen. Zwischendurch guckt er immer mal nach, ob sie der Route noch folgen.

Sam hat noch mehr Pilze entdeckt, die interessant aussehen. Sie haben sehr breite Schirme. »Kann man die essen?«, fragt er.

»Das müssten Parasol-Pilze sein«, sagt Mama. Zur Sicherheit schaut sie aber noch mal ganz genau in einem Buch nach. »Beim Parasol gibt es einen Ring am Stiel, der beweglich sein muss. Und das ist hier der Fall.« Vorsichtig pflücken sie ein paar Pilze und legen sie in ein Körbchen, das ganz unten in Justins und Sues Zwillingsbuggy steht.

Immer weiter gehen sie in den Wald hinein – auf den Weg achtet niemand. Warum auch? Papa hat ja sein Handy mit der neuen App.

»Guckt mal, was für komische Kastanien!«, ruft Sue auf einmal. Sie zeigt auf den Waldboden, wo viele braune Früchte liegen, die an einer Seite spitz zulaufen. Fast sehen sie herzförmig aus.

Justin hebt eine Kastanie auf und bestaunt sie.

»Ich finde, die sehen aus wie die heißen Maronen auf dem Weihnachtsmarkt«, sagt Sam.

»Ganz genau!« Mama nickt. »Das sind Maronen, also Esskastanien. Die können wir aufsammeln und im Ofen rösten.« Sie holt einen Stoffbeutel aus ihrem Rucksack. Schnell heben alle die Esskastanien auf und der Beutel ist bald prall gefüllt.

»Da kriege ich direkt Hunger«, sagt Papa grinsend. »Zeit für eine kleine Rast.« Auf einer Lichtung finden sie zwei Bänke. Sam, Sue, Justin, Mama und Papa machen es sich gemütlich und essen die Brote und Äpfel, die

Papa zu Hause für alle eingepackt hat. Die Sonne versinkt schon langsam hinter den bunten Bäumen.

Irgendwann klatscht Papa in die Hände. »So, weiter geht's. Damit wir am Auto sind, bevor es dunkel wird.« Er zückt sein Handy, um nach dem Weg zu schauen. Seine Augen weiten sich plötzlich erschrocken. Hektisch drückt er auf dem Handy herum. »Das gibt es doch nicht«, murmelt er.

»Was ist los?«, fragt Mama.

Zerknirscht schaut Papa sie an. »Der Akku ist leer.«

»Oh nein, sag, dass das nicht wahr ist«, stöhnt Mama.

»Akku leer?« wiederholt Sue fragend.

»Dann hat Papa kein Bild mehr auf seinem Handy«, erklärt Sam.

»Und ohne Bild keine Route«, ergänzt Mama.

»So ungefähr weiß ich den Weg«, meint Papa, aber es klingt nicht so sicher. »Kommt!« Mutig geht er voran.

Sie gehen ziemlich lange, aber der Parkplatz kommt nicht in Sicht.

»Ich kann nicht mehr!«, jammert Sue. Mittlerweile dämmert es schon und im Wald wird es richtig unheimlich. Die Bäume werfen lange Schatten, die ein bisschen gruselig aussehen. Außerdem ertönen manchmal die Rufe von Tieren. »Ich hab Angst«.

Mama nimmt Sue in den Arm. »Komm, mein Schatz, setz dich in den Buggy, da kannst du dich ausruhen«, sagt sie.

Dann schaut sie zu Papa und flüstert ganz, ganz leise: »Wir haben uns verlaufen, oder?«

Papa nickt und Sam wird ganz mulmig zumute.

Justin, der auch schon im Buggy sitzt, fängt an zu weinen. »Ich will nach Hause!«

Sam hat auch keine Lust, im Wald zu schlafen. Die Herbstnächte sind schon ziemlich kalt. Am Ende kommen noch wilde Tiere. Das will er sich alles lieber nicht vorstellen. Papa sieht ratlos aus. Da entdeckt Sam auf einmal ein kleines Holzhaus. Aus dem Schornstein kommt Rauch. »Guckt mal, da!«, ruft er erfreut.

Mama atmet auf. »Was für ein Glück«, meint sie erleichtert. »Kommt, wir klingeln und bitten um Hilfe.«

Eine ältere Dame öffnet ihnen die Tür. »Huch, Besuch um diese Zeit? Habt ihr euch verlaufen?«, fragt sie.

»Ja,« sagt Papa schuldbewusst und erklärt alles.

»Oje, kommt rein! In der Dunkelheit solltet ihr nicht mehr durch den Wald irren. Ich heiße übrigens Anita Dreizack – für euch einfach Anita. Ich habe gerade den Kamin angemacht und wenn ihr wollt, könnt ihr bei mir übernachten.«

»Danke vielmals! Das ist sehr, sehr nett von dir«, stammelt Mama und stellt sich, Sue, Justin, Sam und Papa ebenfalls vor. »Aber wir wollen dir keine Umstände machen! Und können wir uns vielleicht irgendwie erkenntlich zeigen? Wir haben Pilze und Esskastanien.«

»Parasol-Pilze. Lecker!«, sagt Anita lachend, als sie die Pilze sieht. »Die braten wir an. Und die Maronen rösten wir.«

Justin und Sue dürfen sich im Wohnzimmer auf die Couch legen und sind schon bald eingeschlafen. Sam hilft in der Küche mit. Er ritzt die Esskastanien mit einem scharfen Messer an, damit sie im Ofen weich

werden. Papa paniert währenddessen die Pilze und Mama brät sie in der Pfanne.

»Wohnst du ganz allein hier?«, fragt Papa Anita, die einen Salat vorbereitet.

Sie schüttelt lächelnd den Kopf. »Nein, das wäre mir zu einsam. Das ist unser Ferienhäuschen. Meine Familie ist nur zu Hause geblieben. Ich bin Schriftstellerin und schreibe gerade in Ruhe meinen neuen Roman fertig.«

»Toll!«, sagt Mama beeindruckt. »Dreizack – der Name kam mir gleich bekannt vor. Leider habe ich noch nie etwas von dir gelesen.«

»Aber das ändern wir natürlich, sobald wir wieder zu Hause sind«, fügt Papa schnell hinzu.

»Ich schreibe auch Kindergeschichten«, sagt Anita. »Wenn ihr wollt, erzähle ich euch nachher eine.«

»Oh ja, super!«, ruft Sam begeistert.

Später sitzen alle um den runden Holztisch im Wohnzimmer und lassen sich die Maronen, den Salat und die Pilze schmecken. Im Kamin knistert das Feuer.

»Lecker, der Pilz schmeckt wie ein Schnitzel!«, findet Sam.

Auch Sue und Justin hauen ordentlich rein, sogar beim Salat – obwohl sie zu Hause nicht so auf rohes Gemüse stehen.

Anschließend machen es sich alle vor dem Feuer bequem und Frau Dreizack erzählt eine spannende Geschichte. Justin und Sue schlafen mittendrin wieder ein, aber Sam schafft es, seine Augen bis zum Schluss offen zu halten. Dann ist er so müde, dass er am liebsten vor dem Feuer liegen bleiben würde. Mama und Papa gähnen auch verstohlen. Sie tragen

Justin und Sue ins Gästezimmer, das Anita für sie hergerichtet hat. Dort steht ein großes Doppelbett, das ziemlich kuschelig und gemütlich ist.

»Danke, das war richtig toll«, nuschelt Sam Anita zu, als er seinen Eltern hinterhertappt. »Wir können uns ruhig öfter verlaufen.«

Anita lacht. »Ja, manchmal wird aus einer blöden Situation noch etwas Gutes. Ich habe mich auch über euren Besuch gefreut. Morgen zeige ich euch den Weg zu eurem Auto. Aber jetzt erst mal Gute Nacht und süße Träume!«

Maronen aus dem Ofen

Vielleicht kennst du auch eine Stelle, wo Esskastanien wachsen. Dann nichts wie hin! Anfang Oktober sind die Esskastanien reif und fallen vom Baum. Du musst sie nur noch aufsammeln. Natürlich kannst du auch Maronen kaufen, zum Beispiel auf dem Markt.

1. Zu Hause wäschst du die Esskastanien am besten erst einmal. Du kannst sie auch eine Zeit lang im Wasser liegen lassen. Dann lassen sie sich später besser schälen. Bevor die Maronen in den Ofen kommen, müssen sie alle eingeritzt werden und zwar an der breiten Seite. Mit dem Messer schneidest du sie kreuzförmig ein. Lass dir dabei von einer erwachsenen Person helfen. An dieser Stelle kann die Schale im Ofen gut aufplatzen. Die Spitze auf der anderen Seite schneidest du am besten ab.

2. Breite die vorbereiteten Maronen auf einem Blech aus und backe sie bei ca. 200 Grad im Ofen. Wenn die Schale richtig schön aufgeplatzt ist, sind die Maronen fertig. Ganz kurz abkühlen lassen, warm schälen, lecker!

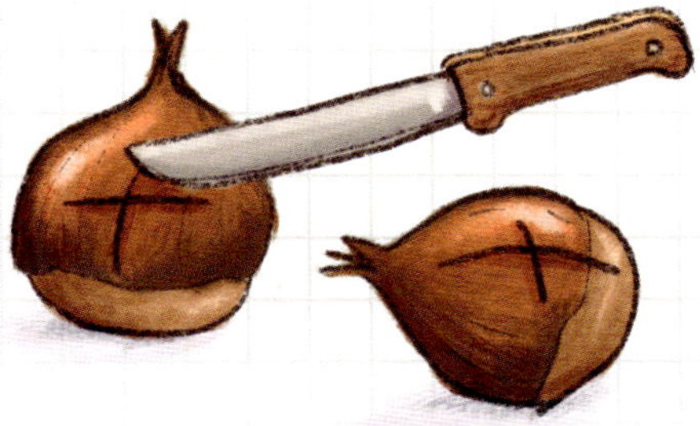

Der Schatz im Laubhaufen

An einem schönen warmen Herbsttag treffen sich die Tiere im Wald auf einer Lichtung. »Kommt, wir spielen Fangen!«, ruft Susi, das Reh, und jagt schon Wildschwein Wanja hinterher, das quiekend davonspringt. Fuchs Hanno macht sofort mit. Eule Lisa döst lieber auf ihrem Ast und Ringo lässt sich die Sonne auf den Bärenbauch scheinen.

Max, der kleine Igel, steht schüchtern an der Seite. Dann gibt er sich einen Ruck. »Kann ich mitspielen?«, fragt er zaghaft.

Susi, Wanja und Hanno überlegen einen Moment.

»Deine Beine sind zu kurz«, sagt Susi. »Du könntest uns gar nicht fangen.«

»Oh«, murmelt Max traurig und möchte sich zu Ringo in die Sonne legen.

Doch der Bär rückt ein wenig weg. »Du bist zu stachelig! Pass bitte auf, dass du mich nicht pikst. Ich habe ein empfindliches Fell«, brummt er.

Wenig später rennen Hanno, Susi und Wanja herbei. Sie lachen und sind ganz aus der Puste.

»Ich brauch eine Pause!«, keucht Hanno. »Wer noch?«

Pausemachen finden Susi und Wanja auch gut. »Schön in der Sonne zu kuscheln, gibt Kraft«, grunzt Wanja.

Ringo hat auch Lust zu kuscheln und selbst Lisa kommt von ihrem Baum heruntergeflogen. Die Tiere drücken sich eng zusammen und reiben ihre Köpfe aneinander. Sehnsüchtig guckt Max zu ihnen. Er würde auch so gerne mitkuscheln. Ob er es mal probieren soll? Vorsichtig nähert sich Max der Gruppe. Er versucht, seine Stacheln einzuziehen.

Doch als er Wanja nur mit der Schnauze berührt, grunzt sie sofort los: »Max, lass das! Ich habe keine Lust, von dir gepikst zu werden!«

»Das geht wirklich nicht«, meint Lisa und guckt Max mitleidig an. »Du tust uns mit deinen Stacheln weh.«

Bedröppelt schleicht Max davon. Es ist immer das Gleiche. Niemand will mit ihm spielen oder kuscheln, weil alle Angst vor Piksern haben. Max kann die anderen sogar verstehen. Er hätte auch keine Lust, sich ständig zu stechen. Aber was soll er machen? Schließlich kann er seine Stacheln ja nicht wegzaubern. Sie gehören zu ihm! Er kann sie höchstens ein wenig an seinen Körper anlegen, sodass sie nicht mehr ganz so spitz sind. Max überlegt. Wenn er die anderen doch irgendwie beeindrucken könnte! Das ist es! Wenn ich einen wertvollen Schatz hätte, dann wären bestimmt alle mit mir befreundet, schießt es ihm plötzlich durch den Kopf. Er muss also nur einen Schatz finden! Sofort zieht er los.

Max trippelt mit seinen kurzen Beinen so schnell er kann durch den Wald und ist ganz aufgeregt. Er muss sich beeilen, denn im Winter kann er nicht weitersuchen. Da hält er nämlich Winterschlaf. Die ersten Blätter segeln schon langsam von den Bäumen. Max sucht den Boden ab. Im Sonnenlicht findet man einen Schatz bestimmt leichter, denkt er sich. Dann funkeln das Gold und die Edelsteine. Doch leider glitzert nur das Wasser im Bach und sonst nichts. Da sieht Max ein Loch in der Erde. Natürlich! Schätze sind meistens gut versteckt. Schon kriecht Max in den Bau hinein. »Wer stört?«, brummt ein alter Dachs.

»Ich suche einen Schatz!«, erzählt Max eifrig.

»Raus hier!«, antwortet der Dachs unfreundlich. »Ich will meine Ruhe haben. Hier gibt es keinen Schatz.«

Schnell läuft Max davon. Beim Dachs ist es ihm viel zu ungemütlich. Plötzlich steht ein Stinktier vor ihm. Seine Augen funkeln und es hat den schwarzweißen Schwanz aufgerichtet. Max zuckt zusammen. Er weiß, dass Stinktiere mit einer Flüssigkeit um sich spritzen, die ganz übel riecht. Am liebsten würde er sofort wieder davonlaufen. Doch das Stinktier ist sowieso viel schneller als er. Deshalb rollt er sich einfach zusammen. Jetzt kann das Stinktier ihm nichts tun. Den Gestank wird er schon irgendwie aushalten.

Das Stinktier ist jetzt ganz nah. Es schnüffelt an Max. »Aua!«, sagt es vorwurfsvoll. »Warum pikst du mich? Ich habe dir doch gar nichts getan! Ich wollte dich nur kennenlernen.«

Vorsichtig lugt Max zwischen seinen Stacheln hervor. »Willst du mich nicht vollstinken?«, fragt er ängstlich.

Das Stinktier schüttelt den Kopf. »Nein, das denken immer alle. Aber ich mache das nur, wenn mir jemand dumm kommt. Du siehst eigentlich ganz nett aus. Ich heiße übrigens Lotte. Und du?«

Überrascht streckt Max seinen Kopf weiter hervor. »Max. Und du findest, ich sehe nett aus? Echt?«

Lotte springt um ihn herum. »Klar. Wenn du willst, können wir spielen. Pass halt auf mit deinen Stacheln.«

»Ich würde gerne mit dir spielen«, antwortet Max. »Aber zuerst muss ich einen Schatz finden, damit die anderen mich mögen.«

»Cool, dann suchen wir zusammen!«, schlägt Lotte vor. »Die besten Schätze sind immer in einem großen Laubhaufen versteckt. Wir müssen nur warten, bis genug Blätter auf den Boden gefallen sind, und dann durchwühlen wir den größten Laubhaufen. Zack, ganz einfach!«

»Das klingt toll!«, ruft Max mit glänzenden Augen. Lotte ist richtig nett. »Und so lange spielen wir fangen!«

»Okay!« Schon ist Lotte davongesprungen. Max hat keine Chance

gegen sie, deshalb spielen sie doch lieber etwas anderes. Hänge hinabrollen können beide prima und Würmer aus der feuchten Erde ausgraben. Die lassen sie sich zusammen schmecken. »Ich muss ganz viel fressen«, sagt Max schmatzend. »Sonst wache ich im Winter auf und habe Hunger.«

»Das kenne ich.« Lotte nickt. »Ich halte Winterruhe und wache öfters auf. Aber im Winter ist es schwieriger, Futter zu finden.« Plötzlich fällt ihr etwas ein. »Wir können doch einfach zusammenbleiben«, sagt sie. »Wenn du im Winter aufwachst, bekommst du einfach was von mir zu essen.«

»T-t-toll!«, stammelt Max und weiß gar nicht, was er sagen soll. Dann denkt er an die anderen Tiere. Wenn die erst seinen Schatz sehen, wollen sie bestimmt auch mit ihm Winterschlaf halten. »Ich überlege es mir«, meint er.

Die Tage vergehen. Immer mehr Blätter fallen von den Bäumen. Manchmal regnet es. Dann verkriechen sich Lotte und Max in Lottes Bau und erzählen sich Geschichten oder schlafen schon mal ein bisschen. Mittlerweile hat Max Lotte richtig in sein Herz geschlossen. Mit ihr ist es nie langweilig.

Auf dem Waldboden hat sich jetzt ein dichter bunter Blätterteppich gebildet. Der Winter kommt näher, das spürt Max. Es wird immer kälter. An einem Tag scheint noch mal richtig schön die Sonne.

»Suchen wir heute den Schatz?«, fragt Max und wühlt sich schon freudig durch die bunten Blätterhaufen. Wie herrlich das duftet!

Lotte hilft ihm. Aber irgendwie ist sie nicht so fröhlich wie sonst. »Du, Max«, blubbert es plötzlich aus Lotte heraus, »wenn du den Schatz gefunden hast, lässt du mich dann allein und gehst zu den anderen Tieren?«

Max verspürt einen Stich in seinem Herzen. Stimmt, das war sein Plan. Aber plötzlich merkt er, dass er eigentlich überhaupt keine Lust mehr auf die anderen Tiere hat. Sie haben ihn ja nicht mal gesucht. »Quatsch!«, sagt er. »Wir behalten den Schatz und bleiben für immer zusammen!«

»Ähm, ich muss dir noch was sagen«, antwortet Lotte und kann schon wieder ein kleines bisschen lächeln. »Es gibt gar keinen Schatz. Die Geschichte mit dem Blätterhaufen habe ich mir nur ausgedacht, damit du bei mir bleibst. Bist du mir jetzt böse?«

»Es gibt keinen Schatz?«, fragt Max. »Und was ist das hier?« Er hält Lotte ein herzförmiges Blatt hin. »Unsere Freundschaft ist der schönste Schatz überhaupt!«, sagt er.

»Oh Max!« Begeistert umarmt Lotte ihn und Max legt schnell seine Stacheln an, damit sie nicht so piksen.

Euer Schatz im Laub

Sucht schöne Dinge in der Natur, zum Beispiel Kastanien, Eicheln, Federn, leere Schneckenhäuser, Tannenzapfen, Kiefernzapfen, Steine usw. Fertigt Listen an mit den Dingen, die ihr gesammelt habt.

Nun schichtet ihr Laubhaufen auf, pro Kind einen. Es ist wichtig, dass ihr die Blätter möglichst einzeln zusammentragt, denn unter Laubhaufen, die ihr im Herbst findet, können sich Tiere verbergen, die ihr nicht stören solltet.

Verteilt eure Schätze auf die Laubhaufen und versteckt sie. Jedes Kind bekommt nun eine andere Liste und muss die Dinge, die darauf notiert sind, so schnell es geht finden. Wer zuerst alle Schätze beisammenhat, gewinnt.

Viel Glück!

Kürbissuppe für alle

Kira und Luis freuen sich. Heute verbringen sie zum ersten Mal einen ganzen Tag in ihrer neuen Wohnung. Mama und Papa haben sie vor Kurzem gekauft. In ein paar Wochen ziehen sie um. Die Wohnung liegt in einem grünen Viertel mitten in der Stadt. Nicht weit entfernt gibt es einen Marktplatz, wo Bauern und andere Händler dreimal in der Woche ihre Stände aufbauen und frisches Obst und Gemüse und andere leckere Sachen anbieten.

Bevor sie zur Wohnung gehen, kaufen Mama und Papa noch einen dicken Kürbis, Karotten, Kartoffeln und etwas Feldsalat auf dem Markt. »Später kochen wir Suppe«, meint Mama.

Graue Wolken hängen am Himmel. Gut, dass auf dem Markt alles so bunt ist. Aber auch so finden Luis und Kira das Viertel, in dem sie bald wohnen werden, richtig schön. Es gibt einen kleinen Park und viele tolle Bäume, die gerade rot und gelb leuchten.

Außerdem hat Luis schon einen Spielplatz entdeckt. »Da gibt es ein cooles Klettergerüst«, meint er.

»Toll, dürfen wir hin?«, fragt Kira begeistert.

Papa und Mama sehen sich kurz an. »Der Spielplatz ist ja nicht weit vom Haus entfernt«, meint Papa.

»Okay«, stimmt Mama zu. »Vielleicht lernt ihr schon ein paar Kinder kennen.«

»Super!«, freut sich Luis.

Leider fängt es ganz plötzlich an zu regnen. Den Spielplatz können sie erst mal vergessen. Gerade so schaffen sie es noch zum neuen Haus, dann gießt es in Strömen.

»Ach wie schade«, sagt Papa. »Zum Glück haben wir eine Kiste mit Büchern und Spielen für euch dabei.« Er schließt die Eingangstür auf. Das neue Haus ist gar nicht neu, sondern schon über hundert Jahre alt. Im Treppenhaus gibt es einen breiten Aufgang und ein verschnörkeltes Geländer. Ihre Wohnung liegt im zweiten Stock. Die Decken und Fenster sind ganz hoch und wenn die Sonne scheint, fällt viel Licht herein. Doch jetzt prasselt nur der Regen gegen die Scheiben. »Genau das richtige Wetter zum Arbeiten«, meint Mama und drückt auf den Lichtschalter. Bislang hängen nur nackte Glühbirnen von den Decken. Die Küche und das Bad sind die einzigen Räume, die schon halbwegs fertig sind. In den anderen Zimmern und im Flur verlegen Mama und Papa gerade einen Holzboden. »Am besten setzt ihr euch in die Küche«, sagt Papa zu Kira und Luis. Er stellt den Einkaufskorb neben den Tisch und die Kiste mit den Spielen. »Wir machen jetzt mal in euren Zimmern mit dem Boden weiter.«

»Wenn was ist, oder auch einfach so, kommt rüber!«, ruft Mama fröhlich.

Kira presst ihre Nase ans Küchenfenster. »Da unten läuft ein Mädchen mit tollen Gummistiefeln«, sagt sie zu Luis. »Oh, sie geht in unser Haus. Bestimmt wohnt die hier auch.«

»Komm, wir schauen nach«, meint Luis sofort. Die beiden laufen zur Wohnungstür. Das Mädchen kommt die Treppe raufgestapft. Kira öffnet die Tür.

»Hallo!«, sagt sie. »Wohnst du auch hier? Ich bin Kira und das ist mein Bruder Luis.«

»Hi!« Luis hebt die Hand.

Das Mädchen strahlt sie an. »Ich heiße Marie und wohne da drüben!« Sie zeigt auf die Wohnung genau gegenüber. Kira freut sich. Marie sieht total nett aus.

»Wir sind jetzt öfters da«, erzählt Kira. »Mein Papa hat gesagt, an Weihnachten wohnen wir hier!«

»Wie schön!«, freut sich Marie. »Wir können ja mal zusammen spielen.«

»Ja, wie wäre es mit jetzt?«, schlägt Luis vor.

Marie ist sofort dabei. Sie fragt noch schnell ihre Mutter und begleitet Luis und Kira dann in die neue Wohnung. Kira und Luis führen Marie erst mal herum. Mama und Papa freuen sich auch, dass die beiden schon jemanden kennengelernt haben. Danach spielen sie ein paar Runden Uno.

Irgendwann meint Luis: »Ich habe riesigen Hunger.«

»Ich auch«, sagt Kira und hat plötzlich eine Idee. »Wollen wir Mama und Papa überraschen? Die beiden freuen sich bestimmt, wenn die Suppe schon fertig ist.«

»Was für eine Suppe wollt ihr denn kochen?«, fragt Marie.

»Kürbis«, sagt Luis und holt alles aus dem Einkaufskorb heraus.

P
S

»Die mag ich auch. Hab ich letztens mit Papa gekocht«, meint Marie. »Ist wirklich leicht.«

Schon legen sie los. Luis schneidet den Kürbis durch. Das geht ganz schön schwer, aber zum Glück ist Luis stark. Kira und Marie schälen ein paar Kartoffeln und Karotten und setzen Wasser auf. Bald schon kocht das Gemüse im Topf. In der Zwischenzeit putzen die drei schon mal den Feldsalat. Das ist ganz schön anstrengend und dauert lang, weil Feldsalat sehr gründlich geputzt werden muss. Als sie endlich fertig sind, sind auch der Kürbis, die Kartoffeln und die Karotten weich. »Es riecht total lecker«, meint Marie.

Stolz holt Luis den Stabmixer und püriert alles im Topf zu einer leuchtenden orangefarbenen Suppe. Kira holt mit einem Löffel etwas Suppe heraus und pustet. Dann kostet sie. »Da fehlt noch Salz!«, stellt sie fest.

»Das gibt es bestimmt schon irgendwo.« Luis öffnet den Schrank über dem Herd. Da fällt ihm die Salzpackung direkt entgegen. Im letzten Moment fängt er es auf, dann fällt es doch noch in den Suppentopf hinein. »Oh nein!«

Entsetzt schauen sich die Kinder an. Kira probiert noch einen Löffel Suppe und verzieht das Gesicht. »Total versalzen!«, sagt sie angeekelt.

»Jetzt freuen sich Mama und Papa bestimmt nicht mehr«, sagt Luis traurig. Sein Magen knurrt laut.

»Wir haben vielleicht auch noch einen Kürbis«, meint Marie. »Ich frage meine Mama.«

Weil Marie schon eine Weile weg ist, beschließen Kira und Luis, nachzusehen, wo sie bleibt. Als sie die Wohnungstür öffnen, steht ein älteres Ehepaar davor. Die Frau hält einen Topf mit einer Aster in der Hand. »Gerade wollten wir klingeln und unsere neuen Nachbarn begrüßen«, sagt sie lächelnd. »Wir wohnen unter euch und heißen Agnes und Viktor Möller.«

»Ist etwas passiert?«, fragt Herr Möller. »Ihr seht so unglücklich aus.«

»Wir haben Kürbissuppe gekocht«, sprudelt es aus Kira heraus. »Aber jetzt ist sie total versalzen und wir haben nichts zu essen. Es sollte eine Überraschung für Mama und Papa sein.«

»Sie verlegen den Boden«, fügt Luis hinzu.

»Oh, das ist aber nett von euch!«, sagt Herr Möller und schaut seine Frau an. »Kann man die Suppe irgendwie retten?«

»Aber natürlich!« Frau Möller drückt ihrem Mann den Blumentopf in die Hand. »Wir haben auch noch Kürbis unten. Moment!«

Als sie zurückkommt, hat sie zwei kleine Kürbisse im Arm. In dem Moment kommen auch Marie und ihre Mama mit einem weiteren Kürbis hinzu. »Drei Kürbisse extra, das müsste reichen«, meint Maries Mama lachend.

»Psst!« Frau Möller legt den Finger an die Lippen. »Es ist doch eine Überraschung.«

Leise schleichen sie sich in die Wohnung und kochen im größten Topf eine neue Suppe. Die würzen sie gar nicht. Am Ende schütten sie die versalzene Suppe hinzu. Und heraus kommt eine total leckere und ganz genau richtig gesalzene Suppe »Danke!«, rufen Luis und Kira glücklich.

Die Küchentür geht auf. »So, langsam müssen wir mal die Suppe kochen«, sagt Papa und reibt sich müde die Augen. Verwundert betrachtet er die ganzen Leute in der Küche. »Was ist denn hier los?«

»Überraschung!«, rufen Kira und Luis. Und dann erzählen sie, wie sie mithilfe der Nachbarn den großen Topf Suppe gekocht haben.

Auch Mama staunt wenig später. »Toll! Da könnten wir ja glatt noch die restlichen Nachbarn einladen.«

Schon sind Luis und Kira unterwegs und klingeln an jeder Wohnungstür. Ganz oben wohnen zwei Schreiner-Lehrlinge und eine Kunst-Studentin, die sich riesig über die Einladung freuen. Außerdem noch ein junger Mann, der gerade vom Büro nach Hause gekommen ist und sich sowieso etwas zu essen machen wollte. Unten gegenüber der Möllers wohnt eine Familie, die aber leider nicht zu Hause ist.

»Die lernen wir nächstes Mal kennen«, meint Papa. »Dann backe ich Pflaumenkuchen. Aber jetzt erst mal guten Appetit!«

Kürbissuppe

Du brauchst:

- 1 dicken Hokkaido-Kürbis
- 3–4 mittelgroße Kartoffeln
- 2–3 Karotten
- 1 Zwiebel
- Rapsöl
- Gemüsebrühe
- Salz und Pfeffer
- nach Geschmack: Ingwerpulver oder frischen Ingwer

Lass dir bei allen Schritten von einer erwachsenen Person helfen.

Wasche den Kürbis, teile ihn, schabe die Kerne heraus und schneide ihn in kleine Würfel. Anschließend schälst du die Kartoffeln, die Zwiebel und die Karotten und schneidest sie ebenfalls in kleine Stücke. Das Gemüse dünstest du in etwas Rapsöl für ca. 2 Minuten an, dann gießt du heiße Gemüsebrühe hinzu, bis alles bedeckt ist. Nun muss das Ganze ca. 20-25 Minuten kochen. Nach Geschmack ein paar Stückchen frischen Ingwer mitkochen. Wenn alles weich ist, kannst du es mit einem Stabmixer pürieren. Zum Schluss noch mit Salz und Pfeffer abschmecken.

Guten Appetit!

Zwei Eichhörnchen für Moritz

»Miez, miez!« Moritz bleibt stehen und streichelt Pepper, den Kater von Herrn Walter. »Ach Mama, er ist so süß!«, sagt er, als der Kater ihm schnurrend um die Beine streicht. »Kann ich nicht auch eine Katze haben? Oder einen Hund? Oder wenigstens ein Kaninchen?«

Mama schüttelt betrübt den Kopf und wuschelt Moritz durch die Locken. »Wir haben doch schon oft darüber geredet«, seufzt sie. »Ein Tier kostet Geld und es braucht viel Platz. In unserer Wohnung ist es zu eng. Hunde oder Katzen müssen sich bewegen können. Und einen großen Käfig für ein kleineres Tier können wir auch nirgends hinstellen.«

»Aber Herr Walter hat doch auch eine Katze«, beharrt Moritz.

»Ja«, gibt Mama zu, weil sie Pepper ja jeden Tag sehen. »Aber Herr Walter ist allein, also hat er mehr Platz als wir. Ohne Pepper wäre er sehr einsam. Außerdem wohnt Herr Walter ganz unten im Haus, da kann Pepper immer schnell ins Freie.«

»Ich fühle mich auch ganz einsam ohne ein Tier«, behauptet Moritz. Das stimmt zwar nicht so ganz, denn Moritz hat ziemlich viele Freunde. Aber vielleicht hilft es ja, Mama doch noch umzustimmen.

Mama nimmt Moritz in den Arm. »Es tut mir

leid!«, sagt sie. »Vielleicht finden wir ja mal eine größere Wohnung.«

»Das wäre schön«, murmelt Moritz.

Sie gehen in ihre Wohnung hinauf. Außer der Küche und dem Bad gibt es zwei Zimmer. Das eine gehört Moritz und das andere Mama. Moritz geht in sein Zimmer. Hier ist genug Platz, findet er. Und eine Katze könnte am Baum vor seinem Fenster hoch- und runterklettern. Dort steht nämlich eine dicke Eiche. Sie wirft zurzeit ihre orangebraunen Blätter und ihre Eicheln ab. Ach wie schade, dass ich kein Haustier haben darf, denkt Moritz und betrachtet den Baum traurig.

Plötzlich huscht ein Eichhörnchen am Stamm entlang. Es ist so niedlich, dass Moritz vergisst, traurig zu sein. Ein Lächeln breitet sich auf seinem Gesicht aus. Gespannt verfolgt er mit den Augen das Eichhörnchen, das von einem Ast zum nächsten springt.

Mit einem Mal landet das Eichhörnchen auf Moritz‘ Fensterbank. »Hallo«, sagt Moritz verzückt. Da kommt ihm eine Idee. In der Küche liegen noch die Walnüsse. Die hat er letztens zusammen mit Mama gesammelt. Schnell holt Moritz eine Walnuss und knackt sie. Dann öffnet er vorsichtig das Fenster. Sofort springt das Eichhörnchen zurück in den Baum. Aber es beobachtet neugierig, wie Moritz die Walnuss-Stückchen auf die Fensterbank legt. Als Moritz vom Fenster wegtritt, kommt das Eichhörnchen und holt sich die Walnuss-Hälften. Genüsslich knabbert es daran. Dann schaut es vorwitzig zum Fenster herein, ganz als ob es nach mehr fragen würde. Moritz holt noch eine Walnuss.

Am nächsten Tag ist das Eichhörnchen wieder da.

»Mama, du musst Putzi kennenlernen«, sagt Moritz beim Mittagessen.

»Putzi?«, fragt Mama erstaunt.

Stolz erzählt Moritz von dem Eichhörnchen. Er hat es Putzi getauft, weil es immer so niedlich mit den Vorderpfoten seine Schnauze putzt.

Als sie ins Zimmer kommen, ist Putzi nicht da. Aber auf der Fensterbank liegt eine Eichel. »Die hat Putzi mir bestimmt mitgebracht«, meint Moritz.

Mama lacht. »Vielleicht. Aber ich glaube eher, dass Putzi für den Winter einen Vorrat sammelt.«

In dem Moment hüpft das Eichhörnchen auf die Fensterbank. Es hat ein paar Ästchen dabei. Moritz streut ihm eine Handvoll Sonnenblumenkerne hin, die Putzi sich flink schnappt. Das Eichhörnchen wirkt gar nicht mehr scheu.

»Manche Eichhörnchen werden richtig zutraulich«, meint Mama.

»Echt?« Moritz' Augen beginnen zu leuchten. »Hoffentlich wird Putzi auch so!«

Von nun an kommt Putzi jeden Tag. Sie freut sich über die Leckereien, die Moritz für sie bereithält. Er legt ihr kleine Obststückchen, Nüsse und Samen hin. Außerdem stellt er ein kleines Wasserschälchen auf, damit Putzi auch etwas zum Trinken hat. Eines Tages ist es plötzlich so weit. Putzi springt wie immer auf die Fensterbank. Moritz steht am geöffneten Fenster und hält ihr eine Haselnuss hin. Zögerlich nähert sich Putzi und nimmt dann die Haselnuss aus Moritz' Hand entgegen. Überglücklich erzählt Moritz es Mama.

»Was macht Putzi eigentlich im Winter?«, fragt er. »Friert sie dann?«

Mama schüttelt den Kopf. »Nein, Eichhörnchen suchen sich einen warmen Platz, wo sie schlafen können. Zwischendurch wachen sie immer wieder auf und fressen ihre Vorräte. Bastele Putzi doch ein kleines

Häuschen zum Überwintern, vielleicht zieht sie dort ein«, schlägt Mama vor.

Die Idee findet Moritz richtig gut. Sofort macht er sich daran und beklebt einen Schuhkarton mit buntem Laub. Er schneidet ein paar Löcher hinein, die gerade so groß sind, dass ein Eichhörnchen hindurchschlüpfen kann. In den Karton legt er Erde, Blätter und Äste. »Prima«, sagt Mama, als er fertig ist. »Da wird sich Putzi sicher wohlfühlen.«

Sie stellen Putzis Häuschen auf die Fensterbank. Gespannt wartet Moritz. Doch Putzi taucht nicht auf. Auch am nächsten Tag lässt sie sich nicht blicken. Jetzt ist Moritz langsam beunruhigt. Ob Putzi das Haus nicht gefällt? Plötzlich hat er einen schlimmen Gedanken. Pepper ist ja auch oft im Hof. Schnell läuft Moritz die Treppe hinunter und klingelt bei Herrn Walter. »Jagt Pepper eigentlich kleine Tiere?«, fragt er atemlos. »Also, Mäuse oder Eichhörnchen vielleicht?«

»Er jagt sie schon«, gibt Herr Walter zu und Moritz‘ Herz wird ganz schwer, als er das hört. »Aber Pepper hat noch nie ein Tier gefangen«, fügt Herr Walter lächelnd hinzu. »Er ist viel zu alt und unbeweglich. Er schafft es nicht mal mehr, auf die Eiche zu klettern. Am liebsten liegt er vor der Heizung und lässt sich bedienen.« Herr Walter lacht und Moritz verabschiedet sich erleichtert. Der Kater hat Putzi wohl nicht erwischt. Aber wo ist das Eichhörnchen dann? Moritz macht sich große Sorgen. In der Stadt gibt es viele Autos. Aber eigentlich ist Putzi ja schnell.

»Ich glaube, Putzi ist weg«, weint Moritz am Abend. »Hab ich was falsch gemacht?«

Mama nimmt ihn in den Arm. »Nein, auf keinen Fall!«, beruhigt sie ihn. »Ich verstehe auch nicht, warum Putzi nicht mehr kommt. Sie hatte dich doch auch gern. Es ist wirklich seltsam.«

»Ich räume den Karton wieder weg«, meint Moritz am nächsten Tag. »Vielleicht kommt Putzi ja dann zurück.«

Als er das Fenster öffnet, hört er ein Fiepen und Klackern. Ein Eichhörnchen flitzt den Eichenstamm hinauf. »Putzi!«, ruft Moritz strahlend. Plötzlich staunt er. Hinter Putzi kommt noch ein Eichhörnchen den Baum hochgedüst. Putzi springt zu Moritz auf die Fensterbank. Das andere Eichhörnchen zuckt zurück. Doch als es sieht, dass Putzi Moritz vertraut, kommt es auch auf die Fensterbank. Putzi schnuppert am Karton und kriecht dann hinein. Das zweite Eichhörnchen schiebt sich schnell hinterher. Drinnen finden sie ein paar Nüsse und Kürbiskerne und knabbern los.

»Wie schön, Putzi hat einen Freund mitgebracht«, sagt Mama, als sie das hört. »Ich bin ja so froh, dass sie zurückgekommen ist.«

»Und ich erst«, meint Moritz. Das andere Eichhörnchen nennt er Flitzi. Es ist nämlich noch schneller als Putzi und immer zuerst beim Futter. Jetzt kann der Winter kommen, denkt sich Moritz und betrachtet glücklich die beiden Tierchen auf der Fensterbank.

Basteln mit Blättern

Aus bunten Blättern kannst du viele Kunstwerke zaubern. Bevor du die Blätter verwenden kannst, musst du sie pressen und trocknen. Lege sie zwischen Papier und stapele dicke Bücher darauf. Nach etwa 7 Tagen sind die Blätter getrocknet.

Jetzt kannst du losbasteln! Wie wäre es mit einem hübschen Windlicht? Klebe die Blätter mit etwas Kleister an ein Einmachglas. Ein Teelicht zaubert nun einen schönen rotgoldenen Schein in dein Zimmer.

Oder du fädelst die Blätter einfach zu einer herbstlichen Girlande auf, die du in deinem Zimmer befestigen kannst. Mit Kastanien dazwischen sieht es noch schöner aus.

Du kannst auch viele Tiere aus Blättern basteln, z. B. Eulen. Hierzu schneidest du ein Ei aus, malst ein Eulengesicht und klebst Blätter als Flügel auf. Bei einem Igel kannst du die Blätter wie Stacheln auf den Igelkörper kleben.

Sieh dir die Blätter genau an. Vielleicht fällt dir ja noch ein Tier ein, das du basteln kannst? Viel Spaß!

Das Knistermonster

Knister öffnet die Augen und blickt in einen blauen Himmel, über den weiße Wolken ziehen. Nanu, wo ist er nur gelandet? Gerade eben war er noch in einer dunklen Schachtel gefangen. Dann hat es gerumpelt und … an mehr kann er sich nicht erinnern.

Jetzt liegt Knister auf dem Boden zwischen braunem Laub. Knister steht auf und klopft sich den Dreck aus seinem Fell. Er fasst sich an den Kopf. Ah, gut, die rosa gestreiften Hörner sind noch dran. Er mag seine Hörner, die sind schön monstermäßig. Knister ist nämlich ein Monster. Genauer gesagt ein Knistermonster. Deshalb heißt er auch Knister, weil er so gut knistern kann.

Plötzlich spürt er etwas Feuchtes in seinem Rücken. Erschrocken fährt er herum. Eine Hundenase hat an ihm geschnuppert. »Hallo, wer bist du denn?«, fragt Knister den Hund.

»Ich heiße Tobby«, antwortet der Hund. »Und du?«

»Knister«, sagt Knister und knistert stolz.

»Du riechst ziemlich neu«, stellt Tobby fest.

»Ich bin ja auch neu – und auf dem Weg zum Spielzeugladen«, erklärt Knister.

»Das glaube ich nicht«, meint Tobby.

»Wieso?« Knister sieht sich um. Weit und breit sind keine Geschäfte zu sehen. Nur ein paar Bäume und eine Straße mit vielen Autos. »Wo bin ich?«

„Auf einem Rastplatz an der Autobahn", sagt Tobby. „Ich glaube, du bist aus dem Lastwagen gefallen." Mitleidig fügt er hinzu: „Soll ich dich mitnehmen?"

Knister nickt und Tobby nimmt ihn ganz vorsichtig zwischen seine Zähne. Er trägt Knister zum Auto. Es ist schön geräumig. Bevor irgendjemand etwas bemerkt, hat er Knister schon in den Kofferraum gelegt und setzt sich daneben. »Tobby will weiterfahren!«, ruft ein Mädchen.

Sie steigt mit ihren Eltern in das Auto und sie fahren los.

»Das Mädchen heißt Malena«, erzählt Tobby. »Ihre Eltern haben mich aus dem Tierheim geholt.«

Das findet Knister sehr nett. »Danke, dass du mich mitgenommen hast«, sagt er.

»Gerne«, meint Tobby. »Nicht dass dir noch etwas passiert. Wo doch heute Halloween ist.«

»Was ist Halloween?«, fragt Knister.

»So ein Geisterfest«, antwortet Tobby. »Die Menschen verkleiden sich. Ich habe gehört, dass da richtige Monster kommen.«

Ein wohliger Schauer geht über Knisters Rücken. Doch dann richtet er sich auf. »Was heißt hier richtige Monster?«, fragt er empört. »Bin ich vielleicht kein richtiges Monster?«

»Na ja«, druckst Tobby herum. »Ich stelle mir richtige Monster gruselig vor.«

»Bin ich etwa nicht gruselig?«, entgegnet Knister beleidigt.

Tobby schüttelt den Kopf. »Nein, ehrlich gesagt nicht.«

»Ich kann sehr, sehr gruselig sein«, behauptet Knister. »Soll ich es dir beweisen?«

Tobby kann nicht mehr antworten, denn das Auto hat angehalten. Der Kofferraum wird geöffnet. »Komm, Tobby, wir spielen noch ein bisschen im Garten!«, ruft Malena und schon ist Tobby mit ihr davongesprungen. Das Knistermonster hat sie nicht bemerkt.

Knister ist immer noch beleidigt. Na wartet, denkt er und schleicht sich ins Haus hinein. Ich bin ein richtig gruseliges Monster. Und das werde ich Tobby beweisen.

Das Haus ist nicht so groß. Schnell hat Knister herausgefunden, welches Zimmer Malena gehört. Viele Puppen und Kuscheltiere sitzen darin. Sie gucken Knister mit großen Knopfaugen an und fangen an zu tuscheln. Aber sie sagen nichts, als er sich zwischen ihnen versteckt.

Draußen wird es langsam dunkel. Die Bäume werfen lange Schatten zum Fenster herein.

Malena und Tobby kommen ins Haus gerannt. »Ich habe Hunger!«, ruft Malena.

Dann hört Knister lange nichts mehr von ihr. Aber bestimmt wird sie bald in ihr Zimmer kommen. Knister ist schon ganz aufgeregt. Gleich kommt sein großer Auftritt, dann wird er ein echtes Halloween-Monster sein.

»Ich muss mich ja noch verkleiden!«, hört er da Malena rufen. Kurz darauf öffnet sie die Zimmertür. Malena geht zum Schrank und holt ein zerfetztes schwarzes Kleid heraus. Sie zieht es an und stülpt sich eine grüne Perücke über den Kopf. Dann malt sie sich ihr Gesicht grün an.

Knister sieht ganz fasziniert zu, wie sich Malena in ein gruseliges Monstermädchen verwandelt. Plötzlich fällt ihm ein, weshalb er sich versteckt hat. Laut fängt er an zu knistern.

Malena fährt herum. »Hallo?«, fragt sie erschrocken. »Ist da jemand?«

Zufrieden raschelt Knister weiter. Malena hat ganz große Augen und sieht sich hektisch um. Plötzlich kommt Tobby ins Zimmer. »Gut, dass du da bist«, sagt Malena und umarmt ihren Hund. »Irgendwas ist in meinem Zimmer. Ich habe ein bisschen Angst.«

Tobby hat Knister schnell aufgespürt. »Was machst du denn?«, fragt er vorwurfsvoll.

»Glaubst du mir jetzt, dass ich ein echtes Monster bin?«, fragt Knister stolz.

»Ja, du hast Malena Angst gemacht«, erwidert Tobby. »Das ist aber nicht toll.«

Jetzt sieht Knister, dass Malena sogar ein bisschen zittert. Er bekommt ein ganz schlechtes Gewissen. Kleinlaut sagt er: »Ich wollte doch nur ein bisschen gruselig sein. Tschuldigung.«

»Schon gut«, sagt Tobby. Er schnappt Knister und zieht ihn zwischen den Puppen hervor.

Malena lacht erleichtert auf. »Ach, das hat so geknistert!«, ruft sie und nimmt Tobby das Knistermonster ab. »Du bist aber niedlich!«, sagt sie zu Knister. Sie drückt ihn an ihre Wange. »Und schön kuschlig bist du!«

Knister wird ganz warm ums Herz. Es tut richtig gut, mit Malena zu kuscheln. »Entschuldigung, ich wollte dich nicht erschrecken«, sagt er.

»Sie versteht dich nicht«, meint Tobby. »Aber es ist ja noch mal alles gut gegangen. Und an Halloween darf man ja auch ein bisschen erschrecken. Nur nicht zu doll.«

Malena steckt Knister in die Tasche an ihrem Kleid, sodass er herausschauen kann. »Dich nehme ich mit«, meint sie. »Du bist heute mein Halloween-Knistermonster! Und du bist mein Halloween-Geisterhund«, sagt sie zu Tobby und legt ihm einen weißen Umhang um. Jetzt sieht Tobby ein bisschen wie ein Gespenst aus.

Und dann ziehen sie durch die Straßen und klingeln bei den Nachbarn. Viele machen auf. Sie schenken Malena Süßigkeiten und bewundern ihr Kostüm, den Geisterhund Tobby und natürlich das Knistermonster.

Knister ist glücklich und er will Malena nie wieder erschrecken.

Ein Knistermonster zum Liebhaben

Du brauchst:

- festes Papier, z. B. Tonpapier
- 1 Schere
- Kleber oder Nadel und Garn
- Stifte
- Knistermaterial (z. B. einen Frühstücksbeutel oder eine Mülltüte)
- Augen (z. B. Wackelaugen, Knöpfe oder Perlen)

1. Ein niedliches Knistermonster kannst du dir ganz leicht selbst machen. Überlege dir, welche Form dein Knistermonster haben soll, und fertige auf einem festen Papier eine Schablone an. Übertrage die Umrisse 2 Mal auf ein Stück Stoff und 1 Mal auf die Knisterfolie. Schneide alles aus.

2. Die Knisterfolie legst du auf die Rückseite eines Stoffteils. Gib nun auf den Rand rundherum etwas Klebstoff und klebe das andere Stoffteil darauf. Du kannst auch alles zusammennähen, wenn dir das besser gefällt. Zum Schluss klebst du noch die Augen auf und malst ein Monstergesicht.

Viel Spaß beim Knistern!

Waldgeister zu Halloween

Heute ist Halloween. Ben und Lisa freuen sich schon, denn an Halloween dürfen sie sich gruselig verkleiden. »Ich gehe als Hexe«, sagt Lisa und zieht sich ein grünes, schmuddeliges Kleid an. Darüber kommt eine bunte Schürze und ein braunes Tuch legt sie sich auch noch um. Auf ihre Schulter setzt sie sich eine schwarze Plüschkatze. Dann bindet sie sich ein Kopftuch um. Ins Gesicht malt sie sich ganz viele Runzeln und eine falsche große Nase setzt sie sich auch noch auf. Jetzt sieht sie schon ganz schön gruselig aus. »Uaah!«, macht sie zu Ben und Mama, die noch im Badezimmer vor dem Spiegel stehen.

Mama schminkt Ben das Gesicht ganz weiß, denn er geht als Geist. Dazu hat er einen weißen Umhang angezogen. Seine Haare sind weiß angesprüht und ganz verwuschelt. »Bist du eine böse oder eine nette Hexe?«, fragt er seine Schwester.

Lisa überlegt. »Das kommt ganz drauf an, wer vor mir steht«, sagt sie dann verschmitzt. »Wer zu mir nett ist, zu dem bin ich es auch. Zu euch bin ich natürlich nett«, fügt sie schnell hinzu.

»Da haben wir ja Glück gehabt!« Mama lacht.

»So mach ich das als Geist auch«, meint Ben.
Lisa schnappt sich ihren Hexenbesen. Mama gibt den beiden je einen Jutebeutel und dann dürfen sie ganz allein durch die Nachbarschaft ziehen. Obwohl es schon dunkel ist. »Aber nicht weiter als bis zum letzten Haus, ja?«, schärft Mama den Ben und Lisa ein. »Und in einer Stunde seid ihr wieder da. Sonst komme ich euch suchen.« Ben und Lisa versprechen, dass sie nur durch die Straßen gehen, die sie kennen.

Draußen ist es gar nicht so dunkel, denn die Straßenlaternen leuchten und viele Leute haben in ihren Vorgärten Lampen angeschaltet. Das sieht richtig schön aus. Einige andere Kinder sind auch unterwegs. Tom und Marvin zeigen stolz ihre prall gefüllte Tüte mit Süßigkeiten. »Bei den Müllers gibt es am meisten«, sagt Marvin.

»Dann gehen wir da jetzt hin!«, meint Lisa und zieht Ben mit sich.

»Guck mal, ich habe Geisteratem!« Ben atmet extraviel aus und lacht, weil sein Atem so dampft.

»Toll, und ich qualmenden Hexenatem!«, ruft Lisa und macht es Ben nach. »Das ist, weil die Luft kälter als unser Atem ist«, erklärt sie dann.

»Weiß ich längst«, antwortet Ben.

Sie sind bei den Müllers angekommen und klingeln. Frau Müller öffnet die Tür. »Süßes oder Saures!«, brüllen Lisa und Ben.

»Huch, seht ihr fürchterlich aus!«, ruft Frau Müller, aber sie grinst. »Bei uns gibt es nur was, wenn ihr ein Gedicht aufsagt«, meint sie.

Darauf sind Ben und Lisa vorbereitet. »Im Herbst da fallen die Blätter, manchmal gibt es schlechtes Wetter«, beginnt Lisa.

»Aber auch mal Sonnenschein, wir finden den Herbst richtig fein«, reimt Ben weiter und fügt dann stolz hinzu: »Das haben wir selbst gedichtet.«

»Donnerwetter!« Frau Müller ist beeindruckt. »Dann dürft ihr euch noch etwas extra aussuchen.« Sie gibt Ben und Lisa zwei Tütchen mit

Süßigkeiten und hält ihnen noch einen Korb hin, aus dem sich die Kinder je zwei Sachen nehmen dürfen. Ben nimmt einen Schokoriegel und Gummibärchen. Lisa entscheidet sich für Kaubonbons und Schokolade. Dann verabschieden sie sich.

»Viel Erfolg noch«, meint Frau Müller. »Und nehmt euch vor den Waldgeistern in Acht.«

»Wir gehen ja gar nicht in den Wald«, erwidert Ben.

»An Halloween kommen die Waldgeister auch gern mal raus und spuken in den Straßen herum!« Lachend schließt Frau Müller die Tür.

»So ein Quatsch«, beruhigt Lisa ihren kleinen Bruder. »Es gibt keine echten Geister.«

»Weiß ich längst«, sagt Ben.

Sie klingeln noch an vielen Häusern. Überall bekommen sie reichlich Süßigkeiten geschenkt. Bald ist ihr Beutel genauso voll wie die Tüten ihrer Freunde. »Halloween ist toll!« Ben strahlt.

Lisa guckt auf die Uhr. »Wir haben noch ein bisschen Zeit, bis wir nach Hause müssen,« meint sie. »Komm, wir gehen auch noch zum letzten Haus.«

»Aber nicht weiter«, sagt Ben.

»Natürlich nicht«, antwortet Lisa. Im letzten Haus der Straße wohnen die Konrads. Danach beginnt schon der Wald. Dort ist es richtig dunkel.

Als sich Lisa und Ben dem Haus nähern, sehen sie plötzlich hässliche Fratzen, die in der Dunkelheit glühen. Ben krallt sich an Lisas Arm. »Sind das etwa doch die Waldgeister?«, fragt er ängstlich.

Auch Lisa ist sich auf einmal nicht mehr so sicher. »Keine Ahnung«, sagt sie. Doch dann hat sie eine Idee. »Komm, wir steigen auf meinen Hexenbesen und fliegen den Geistern einfach davon.«

»Oh ja!«, ruft Ben begeistert. »Als Geist kann ich ja auch fliegen.«

Die beiden steigen auf den Besen und stellen sich vor, wie sie hoch in die Luft schweben. »Hui, wie der Wind weht«, jauchzt Lisa und hat die Geister schon fast vergessen.

»Sollen wir doch noch zum Haus der Konrads fliegen?«, fragt Ben.

Da geht die Haustür auch schon auf. »Kommt ruhig her!«, ruft Herr Konrad. »Ich habe ganz viele Süßigkeiten. Irgendwie traut sich heute kaum einer zu uns. Ich frage mich, warum.«

»Vielleicht, weil Sie Waldgeister in ihrem Garten haben!«, meint Ben. Weiter als bis zum Gartentor traut er sich aber auch nicht.

»Waldgeister?«, erwidert Herr Konrad erstaunt.

»Na, da und da!« Lisa deutet auf die Fratzengesichter.

»Ach so!« Herr Konrad lacht und knipst das Licht in seinem Vorgarten an. Jetzt erkennen Ben und Lisa, dass die Gesichter ausgehöhlte Kürbisse sind, in die Herr Konrad Kerzen hineingestellt hat. »Meine Kürbisgesichter sind dieses Jahr wohl etwas zu gruselig geraten«, meint Herr Konrad zerknirscht. »Tut mir leid, dass ihr euch gefürchtet habt«, sagt er und schenkt Lisa und Ben einen riesigen Berg voll Süßigkeiten. Jetzt quillt ihr Beutel fast über.

»Dafür hat es sich gelohnt, sich ein bisschen zu gruseln«, meint Lisa lachend.

Ben nickt. »Finde ich auch!«, sagt er und beißt in einen Schokoriegel hinein.

Und dann spielen die beiden, dass sie mit dem Hexenbesen nach Hause fliegen.

Leuchtende Kürbisfratzen

Du brauchst:

- Kürbis
- Stift
- scharfes Messer
- 1 großen Löffel/Eisportionierer/Ausschaber
- Teelicht oder Kerze

1. Kürbisgesichter machst du am besten mit einer erwachsenen Person zusammen. Als Erstes musst du den Deckel vom Kürbis abschneiden. Setze dazu das Messer mit der Spitze an, sodass es schräg in den Kürbis hineingeht. Nur so passt der Deckel nachher wieder auf den Kürbis. Wenn du ihn gerade wie eine Scheibe Brot abschneidest, hält er nicht.

2. Nun höhlst du den Kürbis mit einem großen Löffel oder einem Ausschaber aus (auch ein Eisportionierer funktioniert), bis alles Fruchtfleisch draußen ist.

3. Male mit einem Stift Augen, Mund und Nase außen auf. Anschließend schnitzt du mit dem Messer das Vorgemalte aus. Zum Schluss stellst du die Kerze hinein.

Hui, leuchtet das gruselig!

Familienbilder

Sara drückt ihre Nase am Fenster platt. Es ist ein richtig grauer Novembertag, mit Nebel und Nieselregen. Aber das ist egal, denn heute kommt Oma und holt Sara vom Kindergarten ab. Das findet Sara toll, Oma macht immer irgendwas Besonderes mit ihr. »Bestimmt kommt deine Oma gleich!«, meint Sabine, die Erzieherin in Saras Gruppe.

Die anderen Kinder sind schon fast alle abgeholt. Wo Oma nur bleibt? Da endlich fährt ihr kleines blaues Auto vor. »Bis morgen!«, ruft Sara Sabine zu und läuft zur Garderobe. Schnell zieht sie ihre Hausschuhe aus und schlüpft in ihre blauen Stiefel. »Hallo, Oma!« Sie winkt Oma zu, die zur Tür hereinkommt. »Wo warst du denn so lange?«

Oma hilft Sara in ihren Anorak hinein. »Ich habe noch ein paar Blumen gekauft«, sagt sie. Mit großen Augen sieht Sara Oma an. »Für mich?« Blumen hat Oma ihr noch nie mitgebracht.

Jetzt muss Oma lachen. »Nein, leider nicht. Aber wenn ich gewusst hätte, dass du gerne Blumen magst, hätte ich dir auch welche besorgt.«

»Nicht schlimm«, erwidert Sara und läuft neben Oma zu deren Auto.

»Was machen wir heute?«, fragt sie, nachdem sie sich in ihrem Kindersitz angeschnallt hat.

»Ich dachte, wir backen Martinsbrezeln«, antwortet Oma und startet den Motor.

»Oh, toll!«, freut sich Sara. Übermorgen ist nämlich Martinstag.

»Aber erst fahren wir noch kurz zum Friedhof«, meint Oma und biegt in eine Straße ab, die Sara nicht so gut kennt.

»Zum Friedhof?« Sara runzelt die Stirn. Sie weiß, dass es auf dem Friedhof Gräber gibt, in denen die Leute liegen, die nicht mehr leben. Oder so ähnlich. Auf jeden Fall findet sie es ein bisschen unheimlich. »Müssen wir da hin?«, fragt sie.

»Nur ganz kurz«, beruhigt Oma sie. Schon hält sie auf dem Parkplatz vor dem Friedhof. Dann holt sie ein Blumengesteck aus dem Kofferraum. Sara zieht die Kapuze über ihren Kopf, weil es schon wieder nieselt. Bestimmt ist es auf dem Friedhof total ungemütlich.

Doch als sie durch das dunkle Tor gehen, staunt sie. Auf vielen Gräbern leuchten Kerzen oder Grablichter. Es ist ganz still und sie fürchtet sich gar nicht.

»Im November denkt man an die Toten«, erklärt Oma. »Also, eigentlich denkt man das ganze Jahr über an sie, aber im November besonders.«

»Liegen da wirklich überall tote Leute unter der Erde?«, fragt Sara nun doch ein wenig beklommen.

Oma schüttelt den Kopf. »Nur die Körper werden begraben. Und die zerfallen auch schnell. Aber die Seele der Menschen geht woandershin. Man weiß es leider nicht so genau. Am Grab kann man der Verstorbenen gut gedenken.« Sie bleibt stehen und stellt das Blumengesteck vor einen Grabstein. Dann zündet sie eine Kerze an und stellt sie in ein Glas mit einem Deckel. So ist die Flamme vor Wind und Regen geschützt und geht nicht so schnell aus.

»Was steht da auf dem Grabstein?«, fragt Sara.

»Johann und Luise Krämer«, liest Oma vor. »Das sind meine Eltern.«

Sara reißt die Augen auf. »Du hast Eltern?«

Nun muss Oma schon wieder lachen. »Ja, dachtest du, ich bin als Oma auf die Welt gekommen?« Darüber hat Sara sich noch nie Gedanken gemacht. »Ich war auch mal ein kleines Mädchen«, erzählt Oma. »Und da hatte ich auch Eltern und Großeltern, so wie du. Irgendwann sind sie gestorben. Da war ich aber schon erwachsen.«

»Ich finde es traurig, dass Menschen sterben«, sagt Sara.

Oma nickt und streicht ihr über das Haar. »Ich auch. Deshalb gehe ich gern auf den Friedhof. Ich stelle mir vor, dass ich meinen Eltern dann ganz nahe bin. Und vielleicht sehe ich sie ja wieder, wenn ich selbst irgendwann sterbe.«

Daran will Sara gar nicht denken. »Hoffentlich dauert das noch ganz lange«, meint sie. Schnell umarmt Oma Sara und gibt ihr einen Kuss. »Ich fühle mich jedenfalls noch sehr fit!«, sagt sie. »So, und jetzt fahren wir zu mir nach Hause.«

Doch Sara muss immer noch über den Besuch auf dem Friedhof nachdenken. »Waren deine Eltern auch so nett wie Mama und Papa?«, will sie wissen, als sie wieder im Auto sitzen.

»Ja, ich hatte sie sehr lieb«, erwidert Oma. »Wenn du willst, zeige ich dir nachher ein paar Fotos.«

»Oh ja!« Jetzt ist Sara richtig gespannt.

Nach dem Mittagessen machen sie erst mal den Hefeteig für die Brezeln. Der muss eine Stunde lang auf der Heizung stehen, bevor er weiterverarbeitet werden kann. In der Zwischenzeit holt Oma ein altes Fotoalbum hervor. Auf den ersten Seiten sind die Bilder schwarzweiß. Ein Mann und eine Frau in altmodischen Kleidern lächeln in die Kamera. Die Frau hält ein Baby im Arm. Neben ihnen steht ein Mädchen mit Zöpfen und einem kurzen Kleid und Kniestrümpfen. Oma deutet auf das Baby. »Das bin ich«, sagt sie.

Sara staunt. So winzig war Oma mal! Das kann sie kaum glauben. Sie weiß schon, dass alle Menschen als Baby zur Welt kommen. Aber bei den Erwachsenen kann sie sich das nur schwer vorstellen.

»Und das ist deine Großtante Maria«, sagt Oma und zeigt auf das Mädchen mit den Zöpfen. Maria ist Omas Schwester. Sie wohnt in einer anderen Stadt. Sara hat sie erst ein paar Mal gesehen und kann sich nicht gut an sie erinnern.

»Und das sind Johann und Luise Krämer?«, fragt sie und deutet auf den Mann und die Frau.

»Richtig! Das hast du dir gut behalten«, lobt Oma sie. »Sie sind deine Urgroßeltern. Und das«, sie blättert eine Seite um und weist auf ein Foto, auf dem ein alter Mann und eine alte Frau zu sehen sind. »Das sind meine Großeltern«, erzählt Oma. »Also deine Ururgroßeltern.«

Sara wird ganz schwindelig bei so vielen Urahnen. »Das kann ich mir jetzt wirklich nicht mehr vorstellen«, meint sie.

»Musst du auch nicht«, antwortet Oma lachend. Dann schlägt sie noch ein paar Seiten weiter. Oma zeigt auf ein Mädchen mit Rattenschwänzen, das vor einer Girlande steht. »Da bin ich so alt wie du jetzt«, meint sie. »Ich feiere gerade meinen fünften Geburtstag.«

»Du siehst ganz anders aus als ich«, stellt Sara fest.

Oma lächelt. »Ja, das war in einer anderen Zeit. Hier bin ich in die Schule gekommen«, sie blättert zu einem Bild, auf dem sie eine große Schultüte mit Schleife im Arm hält.

»Hast du auch Bilder von Mama als Kind?«, fragt Sara neugierig.

»Natürlich! Aber erst müssen wir die Brezeln fertig machen.« Oma und Sara gehen in die Küche. Der Teig ist jetzt doppelt so dick wie vorher. Sie formen ein paar Brezeln und schieben sie in den Ofen.

Anschließend holt Oma ein anderes Album aus dem Schrank. Es sieht schon etwas neuer aus und die Bilder sind nicht ganz so vergilbt wie im ersten Album. Oma schlägt eine Seite auf.

»Ist das Mama?«, fragt Sara verblüfft, als sie eine junge Frau in einem langen bunten Rock sieht. Die Frisur sieht zwar so gar nicht nach Mama aus, aber das Gesicht kommt Sara total bekannt vor.

»Nein, das bin auch ich!«, sagt Oma lächelnd. »Aber da bin ich so alt wie deine Mama. Viele sagen, dass wir uns sehr ähnlich sehen.«

»Das stimmt«, findet auch Sara.

»Hier ist deine Mama«, sagt Oma und weist auf ein Foto, wo ein Mädchen einen Purzelbaum im Gras schlägt. »Sie war eine ganz Wilde. Kein Baum war vor ihr sicher.«

»So wie bei mir!« Sara grinst, denn sie klettert auch total gern auf Bäume.

»Ja, manchmal erinnerst du mich an deine Mama«, stimmt Oma Sara zu.

»Wir sind ja auch alle miteinander verwandt«, weiß Sara. Dann zeigt sie auf ein dunkleres Bild mit Mama. In der einen Hand hält Mama eine Laterne und in der anderen eine Brezel. »Das ist bestimmt an Sankt Martin, oder?«, will sie wissen.

»Ja«, erwidert Oma. »Bei uns wurden immer Martinsbrezeln verteilt.« Plötzlich wird sie blass. »Die Martinsbrezeln!«, ruft sie und rennt in die Küche.

Sara läuft schnell hinterher. Mit einem Küchenhandschuh zieht Oma das Blech aus dem Ofen. Die Brezeln dampfen goldgelb. »Puh, Glück

gehabt!«, seufzt Oma erleichtert. Die Brezeln müssen erst mal abkühlen. Oma räumt die Fotoalben in den Schrank zurück.

»Das war richtig schön heute«, meint Sara. »Du kannst mir ruhig öfter Familienbilder zeigen.«

»Auf jeden Fall!«, verspricht Oma. Und dann lassen sie sich erst mal die Martinsbrezeln mit Butter und Marmelade schmecken.

Fluffige Martinsbrezeln

Zutaten für ca. 5 Stück:

- 250 g Mehl
- 1 Päckchen Trockenhefe
- 70 ml Milch
- 30 g Zucker
- 3 Prisen Salz
- 80 g Naturjoghurt
- 40 g weiche Butter
- etwas Hagelzucker

Lass dir beim Backen von einer erwachsenen Person helfen.

1. Als Erstes verrührst du das Mehl mit der Hefe und fügst die restlichen Zutaten hinzu. Knete nun einen lockeren Teig. Wenn der Teig richtig schön geschmeidig ist, lässt du ihn eine Stunde lang zugedeckt an einem warmen Ort gehen.

2. Anschließend formst du aus dem Teig fünf lange Rollen und legst aus jeder eine Brezel. Du kannst sie vor dem Backen mit lauwarmer Milch oder mit Eigelb bestreichen, dann glänzen sie schön. Wenn du magst, streust du noch ein bisschen Hagelzucker darauf. Den Backofen auf 200 Grad Ober- und Unterhitze vorheizen und ca. 25–30 Minuten lang backen.

Mmh, die schmecken toll!

Laterne, Laterne

»Schau mal, was ich auf dem Dachboden gefunden habe!« Mama hält eine bunte Laterne in die Höhe. Paul erinnert sich noch genau. Vor einem Jahr hat er die gebastelt. Er hatte viele bunte Schnipsel auf einen Luftballon geklebt. Als sie getrocknet waren, hat er den Luftballon zerstochen und die Laterne war fertig. »Sie sieht immer noch toll aus«, findet er.

»Ja!« Mama nickt. »Möchtest du sie dieses Jahr noch einmal benutzen?« Morgen Abend ist der Martinsumzug bei ihnen im Dorf. Paul und Mama haben noch gar nicht groß daran gedacht. Aber jetzt erinnert sich Paul, wie viel Spaß er letztes Jahr beim Laternebasteln hatte. Obwohl ihm die alte Laterne noch gut gefällt, hätte er gerne eine neue. »Können wir noch eine basteln? Bitte!«, sagt er.

Damit hat Mama nicht gerechnet. »Ich habe gar kein Papier für eine Laterne da«, sagt sie zerknirscht. Als sie sieht, wie enttäuscht Paul ist, überlegt sie sich jedoch schnell etwas anderes. »Pass auf, ich habe eine Idee«, sagt sie und öffnet den Kühlschrank. Sie holt eine Apfelsafttüte heraus. Ein kleiner Rest Saft ist noch darin. Den gießt sie in ein Glas und füllt es mit Wasser auf. »Hier, für dich«, sagt sie und reicht Paul das Glas.

»Danke.« Paul trinkt von der Apfelsaftschorle. »Und was ist jetzt deine Idee?«, fragt er dann neugierig.

»Das ist schon ein Teil meiner Idee«, antwortet Mama geheimnisvoll.

»Echt? Saft trinken?«, fragt Paul verständnislos.

Mama lacht. Sie will Paul nicht länger auf die Folter spannen. »Aus dem leeren Getränkekarton können wir eine super Laterne basteln. Warte!« Sie holt eine spitze Schere und entfernt den Boden des Saftkartons. Dann spült sie den Karton gründlich, bis er sauber ist. »So, jetzt kannst du den Karton anmalen. Was hältst du davon, wenn wir ein Haus daraus machen?« Sie holt einige Pinsel und ein paar Tuben mit Farben.

Paul findet das klasse! »Coole Idee!«, freut er sich und legt direkt los. Voller Eifer streicht er den Karton an und malt eine Tür, Fenster und ein Dach darauf. Er findet sein Haus voll schön. »Aber wo kommt denn jetzt das Licht raus?«, fragt er schließlich irritiert. »Müssen wir nicht noch Löcher reinschneiden?«

»Richtig!«, sagt Mama. »Aber erst muss die Farbe trocknen. Morgen schneiden wir dann die Tür und die Fenster aus.«

Paul kann den nächsten Tag kaum erwarten. Es ist der 11. November, der Martinstag. Als Paul von der Kita nach Hause kommt, schneidet

er mit der spitzen Schere die Fensterchen aus. Zum Schluss befestigt Mama die Laterne an einem Leuchtstab mit LED-Licht, den sie von oben hineinhängt.

Paul schaut zum Fenster hinaus. Draußen dämmert es schon. »Müssen wir nicht los?«, fragt er.

»Ein paar Minuten haben wir noch«, meint Mama und macht sich fertig. Paul muss seine dicke Winterjacke und die Strickmütze anziehen, weil es abends schon richtig kalt ist. Endlich brechen sie auf. Vor der großen Turnhalle ein paar Straßen weiter ist der Treffpunkt, an dem der Umzug startet. Von Weitem sieht Paul ein leuchtendes und tanzendes Lichtermeer. Eine Menge Kinder und Eltern haben sich schon versammelt. Und weil sie sich bewegen, stehen auch ihre Laternen nicht still. Als Paul und Mama näherkommen, können sie auch die einzelnen Laternen besser erkennen. Viele sind selbst gebastelt. Paul sieht Gänse, Schmetterlinge und unzählige andere Tiere, Raketen, Häuser, Sonnen, Monde und noch mehr. Nele, seine beste Freundin, ist auch da. Sie bewundert Pauls Laterne und er ihre. Auf Neles runder Laterne leuchten ganz viele Sterne.

»Ich habe ein echtes Licht«, sagt sie und zeigt Paul stolz ihre Kerze, die im Inneren der Laterne brennt.

Paul findet das cool, aber sein Leuchtstab gefällt ihm auch.

Endlich beginnt der Umzug. Ganz vorne reitet

Sankt Martin auf seinem Pferd. Er hat einen roten Mantel um. Ein kleiner Spielmannszug läuft hinter ihm und gibt Martinslieder zum Besten. Die Kinder singen lauthals mit. Stolz schwenken Paul und Nele ihre Laternen. Sie singen »Laterne, Laterne« und »Sankt Martin war ein guter Mann« und »Ich geh mit meiner Laterne«. Die Kälte kriecht durch ihre Kleidung, aber sie merken es kaum, weil der Umzug so viel Spaß macht. Nele passt gut auf ihre Kerze auf. Doch da passiert es. Ein anderes Kind macht eine ruckartige Bewegung mit seinem Arm und stößt gegen Neles Laterne.

»Achtung!«, ruft Paul noch. Aber es ist zu spät. Die Kerze ist umgefallen und Neles Laterne fängt Feuer. Oh nein! Zum Glück ist Neles Mama zur Stelle, die den kleinen Brand ruckzuck erstickt. Doch die Laterne sieht gar nicht mehr schön aus. Sie ist zerquetscht und verkohlt. Benutzen kann Nele sie nicht mehr. Nele fängt an zu weinen und kann sich kaum beruhigen. Paul legt mitfühlend den Arm um sie.

»Das tut mir echt leid«, sagt er. Da hat er plötzlich eine Idee. »Mama, kommen wir noch an unserem Haus vorbei?«, fragt er.

Mama nickt. »Ja, gleich, wieso?«

Paul flüstert Mama seinen Plan ins Ohr und Mama ist begeistert. Als sie an ihrem Haus vorbeikommen, ruft Mama: »Wir müssen schnell aufs Klo!«

Die beiden rennen ins Haus hinein. Mama holt Pauls Laterne aus dem letzten Jahr und hängt ein Licht hinein. Dann laufen sie auch schon zurück zum Martinszug. Sie müssen sich ein bisschen beeilen, weil die anderen natürlich schon weitergezogen sind. Aber bald haben sie den Zug wieder eingeholt.

»Für dich!«, sagt Paul atemlos und hält Nele die bunte Laterne hin.

Nele sieht Paul ungläubig an. Plötzlich leuchten ihre Augen auf. »Oh, wie toll!« Sie wischt sich die Tränen aus dem Gesicht und umarmt Paul. »Danke!«, ruft sie und Paul ist glücklich, dass es Nele wieder gutgeht.

Am Ende stehen alle um das große Martinsfeuer herum und essen zufrieden ihre Martinsbrezeln. Das Feuer ist schön warm und Paul rückt ganz nah an Nele heran. Er schenkt ihr die Laterne, damit Nele sie anschließend zu Hause in ihr Fenster hängen kann.

»Das war wirklich sehr nett von dir«, meint Mama später, als sie Paul ins Bett bringt. »Du hast ganz im Sinne von Sankt Martin gehandelt, weißt du das?«

»Aber ich habe doch gar nicht meinen Mantel in zwei Teile geschnitten«, antwortet Paul lachend, weil Sankt Martin das in der Geschichte macht und die eine Hälfte einem armen Menschen gibt.

»Das nicht.«, sagt Mama und drückt Paul einen Gute-Nacht-Kuss auf die Stirn. »Aber du hast wie Martin etwas verschenkt und das ist richtig gut.«

Brenne auf mein Licht!

Du brauchst:

- einen leeren Getränkekarton
- eine spitze Schere oder ein Messer
- Farben zum Anmalen (z. B. Acryl)
- einen dicken schwarzen Folienstift

So geht es: Als Erstes müsst ihr den Saft oder die Milch austrinken. So gestärkt kann das Basteln losgehen. Schneidet den Boden des Getränkekartons ab und spült den Karton innen gründlich aus. Dann trocknet ihn ab oder lasst ihn trocknen. Jetzt könnt ihr den Karton bemalen. Ihr könnt wie Paul ein Haus daraus machen oder eurer Fantasie freien Lauf lassen. Wenn ihr fertig seid, muss die Farbe erst mal trocknen. Das dauert ein paar Stunden. Aber dann könnt ihr mit dem Folienstift aufmalen, was ihr ausschneiden möchtet, also Fenster bei einem Haus oder Sterne oder einfach nur Löcher. Nachdem ihr die ausgeschnitten habt, hängt ihr über die Öffnung oben ein Licht in die Laterne. Ihr könnt von unten noch etwas in die Öffnung hineinkleben, damit das Licht nicht rausrutscht.

Und nun: »Brenne auf mein Licht, aber nur meine liebe Laterne nicht!« Habt einen schönen Martinstag!

Eine kuschelige Höhle für drei

Der Winter rückt immer näher. Die Bäume haben alle Blätter abgeworfen und stehen kahl im Wald herum. Die Sonne strahlt und es ist schon ziemlich kalt.

Das Bärenkind Eddie springt fröhlich vor seiner Mama durch das weiche Laub. »Ist hier vielleicht eine gute Höhle für uns?«, fragt Eddie und steckt seine Nase in ein Loch in einem Hügel. Es ist gerade so groß, dass er hindurchpassen würde.

Die Bärenmama lacht. »Das ist für mich doch viel zu eng. Darin müsstest du allein Winterschlaf halten.«

Das möchte Eddie auf keinen Fall. Aber Mama hat das natürlich nicht ernst gemeint. Die beiden suchen eine schöne Höhle, in der sie gemeinsam Winterschlaf halten können. An manchen Tagen können sie sich noch mal die Sonne auf den Pelz scheinen lassen. Aber immer öfter sind die Tage jetzt grau und verregnet und richtig kalt. Mama Bär bleibt in der Nähe des Flusses stehen. Vor ihnen liegt ein hoher Fels, der mit viel Gestrüpp bewachsen ist. »Hier könnte es gemütlich sein«, meint sie.

»Wo denn?«, fragt Eddie erstaunt.

Da schiebt Mama mit einer Tatze das Gestrüpp beiseite. Dahinter liegt der Eingang zu einer Höhle.

»Toll, richtig geheim!«, freut sich Eddie.

Mama nickt. »Das ist wichtig, damit uns im Winter niemand aufweckt.«

In der Höhle ist der Boden mit ganz viel Moos bewachsen. Eddie findet es richtig kuschelig. »Hier kann ich bestimmt super schlafen«, meint er.

»Aber erst mal müssen wir noch mehr fressen. Du weißt doch – wegen des Winterspecks, den wir uns anfuttern müssen.«, sagt Mama. »Wenn wir vor dem Winterschlaf nicht genug essen, wachen wir zwischendurch auf.«

»Wäre das denn so schlimm?«, fragt Eddie.

»Ja«, antwortet Mama ernst. »Im Schnee finden wir nichts zu fressen.«

»Dann komm schnell«, sagt Eddie, denn sein leerer Bauch gluckert schon ein bisschen.

Die beiden verlassen die Höhle wieder. »Am besten fangen wir unten am Fluss ein paar Fische«, meint Mama.

»Oh ja!« Eddie will losrennen, doch Mamas breite Tatze hält ihn plötzlich auf. »Was ist denn?«, will Eddie verwundert wissen.

»Da unten ist schon ein Bär«, flüstert Mama und wirkt auf einmal unruhig.

»Ja und?« Eddie sieht den Bären auch. Er scheint schon älter zu sein und läuft am Ufer auf und ab.

Doch Mama schüttelt den Kopf. »Der alte Bernhard ist nicht nett«, sagt sie. »Er verjagt jeden, der ihm zu nahekommt. Am besten warten wir, bis er weg ist.«

Mama geht in ihre Höhle zurück. Sehnsüchtig schaut Eddie zum Fluss. Sein Magen knurrt inzwischen richtig laut. Aber es sieht nicht so aus, als würde Bernhard demnächst weggehen.

Also, ich hab keine Lust, im Winter hungrig aufzuwachen, sagt sich Eddie und als Mama kurz nicht aufpasst, tapst er langsam den Hang zum Fluss hinunter. Vorsichtig lugt er zwischen den Büschen hindurch. »Hallo!«, ruft er dann mutig.

Bernhard starrt ihn an. Mit einem Satz ist er beim Hang. Eddie bekommt einen Schreck. Mama hat ihn gewarnt! Schnell springt er zwischen den Büschen hervor und rennt zum Fluss. Bernhard jagt hinterher, aber Eddie ist flinker. Geschickt weicht er Bernhards gewaltigen Tatzen aus. Als Eddie merkt, dass Bernhard auch ganz schön aus der Puste ist, nimmt der kleine Bär all seinen Mut zusammen. Er schlägt einen Haken und ruft japsend: »Warum bist du eigentlich so gemein und verjagst alle?«

Verdutzt bleibt Bernhard stehen. Er atmet schwer. »Na, du traust dich ja was! Mir so eine Frage zu stellen. Hast du keine Angst vor mir?«, erwidert er.

»Und ob ich Angst habe!« Eddie nutzt die Gelegenheit, um ein wenig durchzuatmen. »Aber ich habe auch Hunger und ich muss mir Winterspeck anfressen, genau wie alle anderen Bären auch. Und ich möchte mal wissen, warum du uns nicht lässt. Es sind doch genug Fische im Fluss, oder etwa nicht?«

»Ähm, doch.« Jetzt nickt Bernhard. Er ist immer noch total verblüfft. »Ich weiß auch nicht so genau, warum ich das mache. Ich glaube, das war halt schon immer so. Und die anderen erwarten von mir, dass ich gemein bin. Du bist echt mutig! Dass du einfach so mit mir redest!«, meint er dann anerkennend.

Eddie freut sich. Bernhard wirkt eigentlich gar nicht so gemein. »Möchtest du nicht lieber Freunde haben? Das ist doch viel schöner, als allein Fische zu fangen. Also, mir wäre das zu langweilig«, sagt Eddie.

Bernhard wiegt seinen Kopf hin und her. »Ja, eigentlich hast du recht. Aber mit mir möchte ja niemand befreundet sein, weil mich alle gemein finden.«

»Also, ich finde das nicht«, antwortet Eddie. »Eigentlich wirkst du ganz nett!«

»Echt?« Bernhards Augen leuchten auf. »Das hat noch nie jemand zu mir gesagt.«

»Doch, ich glaube, wir könnten prima zusammen Fische fangen«, fügt Eddie hinzu.

»Wir können es ja mal probieren«, meint Bernhard.

Sie gehen zusammen in den Fluss hinein. Die Strömung ist stark und große Wellen rauschen um Eddie herum. Es ist ein tolles Gefühl. Die großen Steine sind glitschig und Eddie rutscht ab. »Huch!«, prustet er und schüttelt lachend das Wasser aus seinem Fell.

»Du musst hier rüberkommen«, erklärt Bernhard. »Da ist es nicht so rutschig.« Er zeigt Eddie eine Stelle, an der viele Fische vorbeiziehen. Schon bald haben sie zwei leckere Fische gefangen.

Sie setzen sich nebeneinander und mampfen, was das Zeug hält. »Das war der leckerste Fisch, den ich je gefressen haben«, stellt Bernhard fest.

Das findet Eddie auch. Sie schmatzen laut.

»Eddie!«, ertönt da plötzlich die Stimme von Mama Bär. Sie klingt verunsichert.

»Hier unten!«, ruft Eddie den Hang hinauf.

Mamas Kopf taucht oben auf. Als sie Eddie und Bernhard sieht, reißt sie die Augen auf. »Eddie!«, schreit sie panisch.

»Keine Angst!«, beruhigt Eddie sie. »Bernhard und ich sind längst Freunde.«

»Was?« Ungläubig sieht Mama von einem zum anderen.

»Doch, es stimmt«, gibt Bernhard zu. »Dein Junge hat mir die Augen geöffnet. Komm zu uns, ich fange dir ein paar Fische. Im Fischefangen bin ich super!«

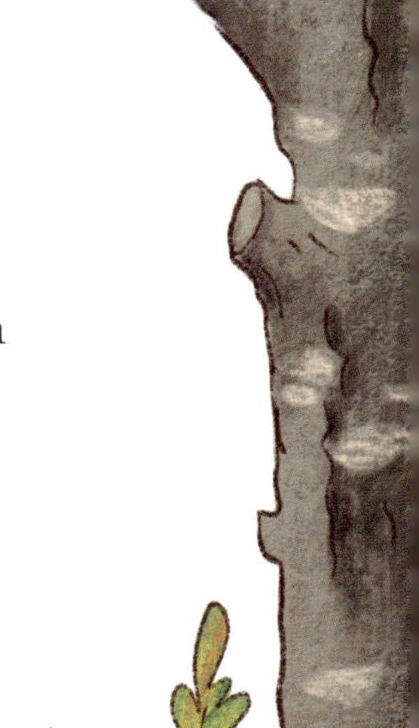

Unsicher nähert sich Mama Bär den beiden. Aber als sie sieht, dass Bernhard es ernst meint, fasst sie Vertrauen.

Als sich die drei so richtig satt gefressen haben, liegen sie zufrieden in der Sonne. »Heute ist ein richtig schöner Tag«, murmelt Bernhard.

»Das finde ich auch«, sagt Eddie.

»Ja«, stimmt auch Mama zu. »Ich bin froh, dass wir uns kennengelernt haben. Jetzt habe ich keine Angst mehr vor dir«, sagt sie zu Bernhard.

»Ich bin auch froh, dass ihr keine Angst mehr vor mir habt. Das Leben ist viel schöner so! Mit vollem Bauch und mit Freunden.« Er klopft sich mit seiner Pranke auf den Bauch. »Schade, dass der Winter schon so nah ist und wir erst im Frühling so richtig viel Zeit miteinander verbringen können.«

»Find ich auch«, meint Eddie betrübt.

Mama Bär richtet sich auf und fasst sich ein Herz. »Bernhard, wenn du möchtest, kannst du bei uns in der Höhle Winterschlaf halten. Dann bist du nicht allein!«

»Das ist ja eine tolle Idee!«, ruft Eddie begeistert. »Unsere Höhle ist groß genug und total gemütlich.«

Bernhard sieht die beiden gerührt an. »Ja, also, wenn das geht ...«, stammelt er.

»Natürlich!«, rufen Eddie und Mama wie aus einem Mund.

Und schon bald darauf gehen alle drei in ihre Höhle und machen es sich bis zum Frühjahr satt und zufrieden auf dem Moos bequem.

Deine Kuschelhöhle

Du brauchst:

- 1 Tisch
- Decken und Kissen
- viele Bücher
- ein paar Geschichten

Eine gemütliche Höhle kannst du dir ganz einfach selbst bauen. Stell einen Tisch an die Wand, vielleicht hilft dir eine Erwachsene oder ein Erwachsener dabei. Verhänge die drei offenen Seiten mit Decken. Damit die Decken nicht runterrutschen, beschwerst du sie auf dem Tisch mit Büchern.

In der Höhle machst du es dir mit den restlichen Decken und Kissen gemütlich. Genau das Richtige für einen grauen Schmuddeltag. Viel Spaß!

FSC
www.fsc.org
MIX
Papier aus verantwortungsvollen Quellen
FSC® C018236

Wir produzieren nachhaltig
- Klimaneutrales Produkt
- Papiere aus nachhaltigen und kontrollierten Quellen
- Hergestellt in Europa

Text: Uli Leistenschneider | Illustrationen: Lena Heger
Lektorat: Marlen Bialek | Herstellung: Derya Yildirim
ISBN 978-3-551-52140-8

Carlsen-Bücher gibt es überall im Buchhandel und auf carlsen.de